学生核心素养培养的教师专业成长

——A-S-K 史家课程教师教学反思

北京教育科学研究院
“史家小学学校品牌提升”项目组 编

中国人口出版社
China Population Publishing House
全国百佳出版单位

图书在版编目（CIP）数据

学生核心素养培养的教师专业成长：A－S－K 史家课程教师教学反思 / 北京教育科学研究院“史家小学学校品牌提升”项目组编. -- 北京：中国人口出版社，2023. 5

ISBN 978－7－5101－7545－9

Ⅰ. ①学… Ⅱ. ①北… Ⅲ. ①素质教育－教学研究－小学 Ⅳ. ①G622. 0

中国版本图书馆 CIP 数据核字(2020)第 239421 号

学生核心素养培养的教师专业成长

——A－S－K 史家课程教师教学反思

XUESHENG HEXIN SUYANG PEIYANG DE JIAOSHI ZHUANYE CHENGZHANG

北京教育科学研究院
“史家小学学校品牌提升”项目组 编

责任编辑	魏小玲
美术编辑	刘海刚
责任印制	林　鑫　任伟英
出版发行	中国人口出版社
印　　刷	北京朝阳印刷厂有限责任公司
开　　本	710 毫米×1 000 毫米　1/16
印　　张	14. 25
字　　数	260 千字
版　　次	2023 年 5 月第 1 版
印　　次	2023 年 5 月第 1 次印刷
书　　号	ISBN 978－7－5101－7545－9
定　　价	50. 00 元

电子信箱	rkcbs@126. com
总编室电话	（010）83519392
发行部电话	（010）83510481
传　　真	（010）83538190
地　　址	北京市西城区广安门南街 80 号中加大厦
邮政编码	100054

共识　共行　共创　共赢

（代　序）

“史家小学学校品牌提升项目”是北京教育科学研究院（以下简称北京教科院）与名校点对点合作的首次尝试，2017 年启动，历时 3 年。院校双方深度融合、精诚合作，共同研究、探索“深综改”（深化基础教育领域综合改革）背景下的学校发展新路径。

一、共识

科研机构是教育改革的同行者和引路人，学校是教育改革的开拓者和实践者，双方合作共同开展研究，强调合作意识、探索精神和结果导向。

现在，北京全市乃至全国范围之内的学校都在做品牌扩充，史家小学也不例外。品牌的扩充对办人民满意的教育，让更多的学校尽快提升质量和影响，让更多的人受益，是有益处的；然而，品牌在扩充中也会产生优质资源稀释的问题。那么品牌提升的核心在哪里？对于学校而言，它之所以能成为品牌，在于它培养的学生素质的提升。那么，学生的素质怎么得到提升呢？主要靠课程与教学。所以学校品牌的提升还是要聚焦到课程与教学，即解决教什么、学什么的问题，解决怎么教、怎么学的问题。

北京市东城区史家胡同小学（以下简称史家小学）已经有一个很丰富的课程体系和一整套的教学体系，质量也很高，以这个项目为载体，凝聚科研机构的力量，开发基于核心素养培养的课程体系，为解决“教什么、学什么，怎么教、怎么学”问题注入一个新的因素，与老师们在理念、行动方式上形成更有科学性、前瞻性的共识。

二、共行

共识是为了合作双方的共行。现在“改革”这个词满天飞，但改革和实验这两个词是要连在一起的，改革是建立在实验基础上的，而真正到了教育中开展的实验却很少。很多的改革往往是外来的、上级压下来的、必须执行的东西。教育是为了学生的成长，一个人的成长，需要放到一个具体情景中去探索，即什么是好的教育，是真正支持孩子成长的教育。我们做的就是这样的教育实验，是真正回到学校的情景中共同来做的一个探索，探讨教与学方式的变革，探寻现实中的理想学习方式，让教育适应时代的需要，让孩子得到切实提升，让学校的教育质量不只高、新，并且具有引领性，让史家小学这个品牌越做越响。

能够产生实际效果的教育一定是在实践中的探索，只有参与到教育实验中，才会遇到真正的问题。这些问题怎么去解决，需要融通所有的经验积累和当下的创新，把已有的知识和新的知识结合起来，把对教育价值的思考与教学方法的思考统一起来。这不仅是科研人员深入教育、研究教育，更是教师实现专业发展的一个很重要的路径，使教师们在迎接挑战当中发展自我。

三、共创

教育的一切问题，从教育哲学角度来看谈的都是人。一个品牌提升的过程中，特别是在今天的环境下，其实就是对于育人的理解在不断地升华，对于教育的认识、人自身的认识等在变化。在变化过程中，关于“教什么、学什么，怎么教、怎么学”的问题，其实也需要不断去思考，去调整、改革、创造。对于史家小学这样一所非常有声誉、有影响力的学校来说，不能停留在原有的基础上，也不能简单地去学别人，只能去创造，其实就是要求学校、教师自我革命和重新出发。从最初的共识、共行，到共同创造教育，创造一个新的课堂，应该说是平凡但很伟大的事情。有这样的教育精神才能做出微创新，这个微创新的价值是巨大的。

学校一位教了近三十年书的美术老师，经验非常丰富，她与项目组在一遍一遍地打磨一堂 A－S－K 课的过程中，慢慢发生改变，能够用现在的眼光，甚至是未来的眼光来看今天，看过去做了很多年的事情，这样一种变化实际上完成了一个教师的自我革命。史家小学品牌提升就是要建立在史家小学的每一个教师不断地自我革命和重新出发的基础上，这也是史家品牌建设的核心。

四、共赢

项目开展两年多以来，学校的领导和教科院基教所的项目团队，投入了大量的时间、精力，每周有一两天“沉”在学校，跟一线教师们一起研发、实践。作为研究者，离教育近了，更懂教育了；离教师近了，更懂教师了；离课堂近了，也更懂课堂了，可以说是走近真正的教育。作为一线教师，每周有一两天跟科研人员一起探讨、实验，了解了更多的教育前沿成果，知道了更多的教育规律，掌握了更多的研究方法，所上的课也越来越有研究的味道了。

这样一个扎实“沉”到一线做教育的项目，让史家小学和北京教科院团队真正实现了一起创造心目中的教育的理想。

（根据方中雄院长在“史家小学学校品牌提升”项目活动中的讲话整理）

目　录

第1章　个案研究

第2章　实践反思

第 3 章　研究报告

附篇

第1章

个案研究

21的3倍

——依托A-S-K注意力模块提高孩子的注意力

注意是意识和心理活动对一定对象的指向和集中，具有集中性和指向性两个特征的基本特征。“注意”是一个古老而又永恒的话题。俄罗斯教育家乌申斯基曾精辟地指出：“注意是我们心灵的唯一门户，意识中的一切，必然都要经过它才能进来。”

从某种程度上来说，注意力是人的智力的一个重要指标，是记忆力、观察力、想象力、思维力的准备状态。注意贯穿整个认知活动过程，是其他心理活动不可或缺的背景条件。

对于孩子来说，注意力在其心理的发展中具有重要意义。在学习、游戏、活动中，注意力集中，孩子才能清晰地感知事物，深入地思考问题，而不被其他事物所干扰；否则，孩子的各种智力因素，观察记忆、想象和思维等的发展都会受到极大影响。据专家研究和调查，75%的儿童存在注意力不佳的状态。因此，注意力培养对于孩子有着十分重要的意义和作用。

一、背景描述

低年级小学生的无意注意占主导地位，他们的注意力基本是被动的。注意的集中性和稳定性较弱、注意的范围有限，注意的分配和转移能力较弱。

（一）学生行为表现

江江，是一个长得虎头虎脑的小男孩。语言表达能力很好。从开学第一天就显示出他的与众不同。第一周是新生入学的启蒙教育周。因为刚刚入学，孩子们到了一个不熟悉的环境，彼此还很陌生，所以基本上都是按照老师的要求做。课上只有江江像一只小猴子一样东张西望。被提醒后没几分钟，他又开始玩得不亦乐乎。甚至在教室不停地大声叫老师的名字，发出怪声引起大家的注意。

课间，我听到最多的话是："徐老师，上课的时候江江老趴在我的桌子上。""徐老师，您班的江江简直快把我气死了，就跟屁股上长草了似的。"听着这些告状的话，我的头大了起来。

（二）家庭教育情况

为了进一步了解情况，我和江江的家长进行了沟通。通过交流我了解到，江江的爸爸经常在外面应酬，对孩子关注不够。妈妈每天上班回家后要先照顾二宝，再照顾江江，而江江对于妈妈的指令也心不在焉，在家做事情也是磨磨蹭蹭；不断以喝水、吃东西、小便等理由中断学习任务，因此做作业时间也就明显延长。对于江江的种种行为表现，妈妈的做法是，心情好时置之不理，心情烦躁时就一顿乱打。

二、问题分析

我发现江江自制力较差，上课注意力不集中，不是乱说话就是做小动作，无法专心听讲，严重干扰上课秩序。

（一）江江的行为表现

经过我持续观察和其他学科老师的反馈，江江具体表现可概括为以下几点：

1. 活动过度

经常在座位上扭来扭去，很难安静，小动作多；在一些不该动的场合乱跑乱爬；上课话多，说起来没完没了。

2. 注意力不集中

学习、做事不注意细节、粗心大意；做事时难以集中精力；经常不能完全按要求做事，做事有始无终；经常不完成练习；容易因无关刺激而分心。

3. 反应很慢。

不能在规定时间内完成老师布置的任务；课上被老师点名，要三四秒的时间才会反应过来。

我和江江谈了很多次话，每次与他对话时，他都心不在焉，似听非听，效果甚微。

（二）江江的认知水平评估前测

2017年9月6日，北京教科院A－S－K项目组对我们班进行了学生认知水平评估的前测。

前测结果显示：江江的注意力得分为21分，处于较低水平；创新能力得分为84分，处于较高水平。常模均分为53分，因此个人得分低于常模均分。

认知发展力评估基于著名的心理学家斯滕伯格智力三元论中的智力成分亚理论。在认知发展过程中，个体通过接受新刺激，做出判断与反应，并对新信息进行编码与存储。由于认知发展是一种获取和保存新信息的过程，因此会涉及注意力与创新能力的发展。通过对学生认知水平评估的前测以及对江江的观察，我觉得江江主要是注意力的稳定性和广度较差，如果一直这样下去，将会影响他的学习和发展。

三、干预过程

注意力是直接参与学习的因素，是一切学习问题的基础。容易分心、走神，首先会浪费学习时间，导致有效学习时间比例降低，影响学习成绩。实验和教学实践表明，学习成绩好的孩子与学习成绩差的孩子之间明显的差别之一就是注意力的好坏。

（一）干预目标

和江江妈妈达成共识，家校配合。对江江注意力的稳定性和广度进行专门的训练，携手江江妈妈采取不同的训练方式，提高江江的听课效率。减少课上小动作，缩短完成练习时间，对于老师和家长的指令做出迅速反应，提高江江的学习注意力和视觉注意力。争取在后测时注意力的稳定性和广度有所提高。

（二）干预方法

确定好目标后，最重要的就是达成目标的方法。方法如果能够具体到行动层次来设定的话，80% 以上的目标都能够达成。所以我决定根据江江的现状，从多角度进行训练。

1. 依托北京教科院 A－S－K 项目组注意力模块课程进行注意力训练

注意力模块属于 A－S－K Pre 课程中的 S（Skill）类课程，是通过对新生注意力的稳定性和广度进行专门训练，逐步提高小学生的注意力水平。

注意力模块共 6 个学时，包含 4 个教学课时和 2 个测试课时。教学课时的基本结构如图 1－1 所示。

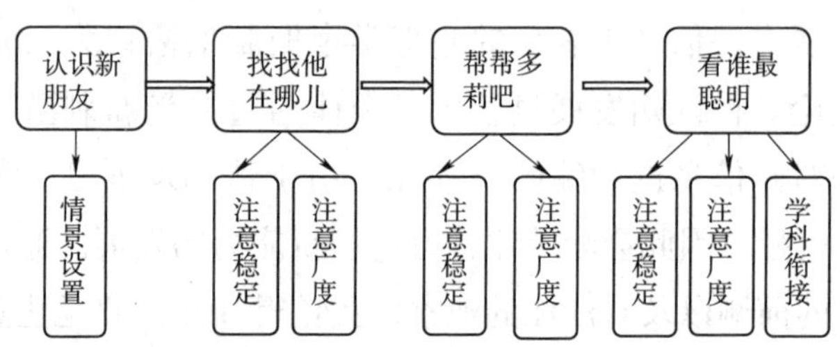

图 1－1　注意力模块教学课时

动画片《海底总动员》中，孩子们喜欢的多莉和她的朋友们贯穿了整个 A－S－K 的 4 个课时。第一节课“认识新朋友”，用动画片的形式让孩子们对多莉、尼莫、马林等主人公的特点进行回忆，了解其典型特征，为后续的学习埋下伏笔。多莉一出现就吸引住了江江，江江睁着眼睛一直盯着大屏幕。认真地看完了动画片。第二节课“找找他在哪儿”，由“不一样的多莉”“汉克的伪装”“捉迷藏”“汉克的七条触腕”“漫漫回家路”多个展现形式不同、训练目的却相同的闯关游戏组成。在游戏的过程中，完成注意力稳定性和广度的基础训练。这节课是以图片的形式做游戏，江江的兴趣很高，在“汉克的七条触腕”游戏环节，利用倒推法很快找出了汉克哪一条触腕上托着多莉。虽然答案正确，但也反映出江江注意力存在一定缺陷。我先肯定了他爱动脑筋，然后顺势告诉他要按照要求，一条一条地用笔画一画。江江高兴地答应了。第三节课“帮帮多莉吧”，利用孩子爱帮助人的特点，继续通过“找不同拜访”“螃蟹家族”“前往克利夫兰的标志”

“多莉的管友”“飞越喷泉”等游戏帮助多莉完成任务。通过游戏闯关，再次强化孩子注意力的稳定性和广度。相比于前一节课，这几个游戏有了一定的难度，江江按照要求用笔认真地画着，寻找着答案，其间江江也偶尔会出现皱眉头、在椅子上扭动的现象，这个时候我会过去摸摸他的头，或者低声鼓励他，他会继续安静完成。第四节课有“看谁最聪明”“海草的叶子”“友谊密码”“比比谁最大”“路上的物品”“极速大搜寻”6个游戏。将注意力的稳定性和广度与学科进行衔接训练。在游戏中，江江踏踏实实地坐在椅子上，一笔一笔地认真地画着、写着，精神集中地完成每个游戏训练。

2. 课堂上随时关注，训练孩子注意力集中

课堂教学是实施素质教育的主渠道，追求课堂教学的高质量、高效率，离不开调动学生有效参与课堂认知的教学过程。可见，在合乎中小学生生理、心理特点和认知水平的基础上，积极调动学生深度参与教学过程，注重选择调控学生注意力的教学策略，是提高课堂教学质量的一种重要手段。一个人的注意力是经过长期训练形成的，在每一堂课堂中教师都不要忘记学生学习注意力的培养，这个良好的学习习惯将会影响孩子的终生。达成共识，约定暗号，为了在课堂上也让江江保持注意力高度的集中，我和他达成共识，制定可实现的小目标。比如，做事情不要一心二用，不要被周围环境干扰，约定我们两个人之间的暗号。具体措施如下：（1）调整座位，由于江江注意力容易分散，任何视觉或听觉的信号都会转移他的注意力，所以我选择了上课比较遵守纪律的同学坐在他的旁边和前后，并且让他坐在教室的前面，这样我可以经常注意他并针对其不良的行为采取措施，当他分心时可以及时提醒他。（2）改变教学方式，采用灵活、有趣、快乐的教学方式授课，争取每节课都能有让他发言的机会，努力把他带到课堂中来，不让他的注意力游离于课堂之外。我会尽量创设有趣的情境，吸引他的注意。我也会提前告诉他，让他重复我说的话。有时他做小动作时，我会用眼神或者走到他身边提醒他。（3）对学习的期望，选择适宜的学习目标，降低期望值，找出适合他的学习方法，尽量减轻他的作业量，减轻学习负担，加强对其学习技能的培训，如精确做作业的能力、

仔细检查的能力等。（4）通过奖赏、鼓励等方式使某种行为得以持续。当他认真听讲时，我会立即给予他“阳性强化”。例如当着全班同学的面表扬他，或给他一张小贴画。对他及时进行奖励，让他感到愉快和满足。

3. 课上采用多种方法，训练注意力

为了提高江江的学习注意力和视觉注意力，使训练的形式多样，我利用课上的时间，做各种注意力方面的训练。（1）把字母行中的j找出来，并画上线。如：dhrtdjhjKoenvbjnebvbjekuhgjangyubvjekuhgjangykeskJdekjklojkiejismjkieljileujhjiejiejnksilEjksmjwekjahxjikemjiskejndmkejjdejoekjsleIjksm。（2）在下面的数字中把所有1771圈出来。1717　7117　1771　7711　7117　1717　1771　71717117 1717 7711 1771 7171　1717　1771　17177117 7171 1717 1177　1717　7711　7117　1771　。（3）读小短文，找同一个字出现的次数。读一篇小短文，让学生听完告诉我，我指定的哪个字在短文中出现了几次？在训练时我尽可能地多叫江江回答。

4. 家校配合，共同教育

有教育者曾经说过：“没有合格的家长，就没有完整的优质教育。”班主任除了教育学生，还有一个重要任务，那就是影响家长。从某种意义上说，只有影响了家长，我们对学生的教育才能真正成功。

当孩子出现问题后，我从侧面了解到孩子妈妈既要工作，还要照顾两个孩子，很辛苦，而孩子爸爸更是由于工作忙，经常不回家。所以我改变了方法，尽量在学校多关注江江，每当江江进步了一点点，我就赶紧给妈妈打电话报喜。妈妈接到报喜的电话多了，心情也就好多了。我趁热打铁告诉她，如果在家里家长每天抽出几分钟进行注意力的训练，孩子进步得会更快。然后告诉她一些简单有效、实操性强且简单的方法：

（1）自己写自己，在a里面写a，在d里面写d，在o里面写o。（2）家长将下列每个数字读一遍，孩子听完之后凭记忆写下听到的数字。例如，家长读：68728 88245 35628 254336 398541 236854，孩子听完之后在纸上写。（3）家长读短文，孩子认真听，当听到一个要求找出的字就用笔在纸上打"√"，家长读完后统计字的个数，到孩子记录的个数与短文中的个数相同为止。

作为班主任，要想与家长形成家校教育合力，就必须高度重视与家长的有效沟通，一定要取得家长的支持。班主任是学校教育与家庭教育互相渗透的直接操作者，如果与家长沟通不畅，久而久之，难免会产生矛盾、积怨，甚至对立，严重影响班级工作的正常开展和家校关系的和谐发展。掌握好与不同家长的沟通技巧，是取得家校协作成功的关键。

（三）干预效果

经过一学期的训练，江江的注意力有了很大的改善。因为A-S-K课程都是孩子喜欢的动画片和游戏，江江的兴趣一直很高。随着练习次数的增加，他的正确率越来越高，完成游戏的速度也越来越快，从刚开始最后一个完成任务，到现在专心听讲的时间越来越长，听课走神的时间越来越短，练习卷子的对钩越来越多。在后期的测试中，江江的注意力得了63分，是前测21分的3倍。

四、经验与反思

注意力作为心理活动或意识指向和集中某个对象的能力，其品质主要有四种：注意的稳定性、注意的广度、注意的转移、注意的分配。儿童注意障碍主要是表现在注意的集中性、稳定性和选择性等特征上的异常。

（一）学生注意力不集中的表现

上课不能专心听讲，易受环境干扰而分心，频繁地改变注意对象；凝视一处，走神、发呆，眼望老师，但脑子里不知想些什么，教师提问时常不知道提问的内容；做作业时不能全神贯注，粗心大意；对家长的指令似听非听；做事有始无终，常半途而废或虎头蛇尾……这些都是注意力不集中的表现。

（二）注意力不集中的原因

孩子注意力不集中的原因有多种，比如可能是孩子神经发育障碍，也有可能是孩子在养育的过程中受一些不良的社会家庭因素影响，例如家长的不称职，以及对孩子不良习惯的纵容等。

（三）注意力不集中所产生的危害

注意力集中时间比其他孩子短，而且容易分心散漫，学习效率低下。当课业内容难度提高时，无法跟上学习进度，成绩逐渐下滑。因分神而记不起来，总是丢三落四。做事时容易被无关事情吸引，导致半途而废。

教育家蒙台梭利有句经典的话是，“给孩子最好的学习方法就是让孩子聚精会神地去学习”。如何让儿童拥有高品质的注意力是教师的重要任务之一。在小学生注意力培养的关键期，必须有专门的课程对注意力加以训练和培养。对于注意力特别不集中的孩子，除了一般的教育外，还要针对其情况对其行为进行矫正。同时，建议家长为孩子提供一个安静的学习环境和成长环境，帮助其养成良好的生活习惯。鼓励并监督他专注于一时一事，并按计划完成。经常参加比赛等增强自控能力、提高注意力的活动。

“养孩子就像养花，要耐心等待花开”，只要我们静下心来，精心照顾、修剪枝叶，我们的孩子一定会像花朵一样盛开，吐露芬芳。

（徐　虹）

用爱与智慧守望成长

爱是教育的基础，没有爱就没有教育。老师对学生的爱是温暖的、无私的，老师对学生的爱更应是理性的、智慧的。每个孩子都是独一无二的，教师的教育方式也应是充满智慧的，针对每个孩子的特点对症施教，才能达到最佳的教育效果。本学年，学校在一年级引进了 A－S－K 课程，A－S－K 的课程理念及课程设置也使我受到了启发，寻找到了一些新的教育方式。本学期我在 A－S－K 课程的辅助下，使令教师一提就头疼、一看就发愁的一个学生——小凯有了可喜的改变。

一、背景描述

小凯是一个 7 岁男孩，因是早产儿被诊断为脑髓鞘发育不良。一直在儿童医院神经内科就医。由于错过了最佳治疗时间，所以小凯除了每天吃药外，还需要定期打营养针进行治疗。虽然是早产儿，但小凯身体发育很好，长得高高大大，很有礼貌，也很诚实。但由于身体原因，他的爸爸妈妈总觉得亏欠他，对他百依百顺、极其宠爱。所以和其他同学相比，小凯总是以自我为中心，他的情绪不太稳定，行为也不受控制。

（一）学生行为表现

9 月一开学，我和 40 个可爱的小天使一起组成了一个新的大家庭：一（2）班。刚入学的孩子虽然还什么都不懂，但是他们天真可爱，总是喜欢围绕在我周围，和我聊天。就在开学后的第一天，小凯就显示出了他的与众不同。孩子们在互相交流、熟悉着，而小凯就像一个独行侠，喜欢独自玩耍。下午放学前我带孩子们去操场照相，他却独自离开集体的队伍去游乐区玩，任谁也叫不回来。而这仅仅是个开始。开学第二天，当我带着孩子们来到计算机教室进行A-S-K前测时，小凯由于进入一个新的环境而显得焦躁不安，他先是在计算机教室里来回溜达，后来又想到游乐区玩，就独自跑到了操场上，当老师把他带回到教室后，他又在计算机教室里一直哭闹，根本没有办法完成A-S-K前测。而在后几天的课堂上小凯也是各种情况频发：不是大声说笑，就是随便下座位；不是趴在窗台上向外望，就是去捶自己的小柜……

（二）家庭教育情况

因为小凯的特殊表现，所以每天放学后和小凯妈妈沟通他当天的情况就成了我下班后的一项重要工作。通过和小凯妈妈的沟通，我了解到，小凯的爸爸妈妈都是在职军人，由于小凯是早产儿，在成长的过程中，也是小病不断，所以家里人都觉得亏欠他，对他百依百顺、极其宠爱。因为小凯的爸爸忙于工作，所以小凯每天基本上都是由妈妈带着，而妈妈更加关注的是他的身体状况，对小凯的期待值也极低，只要孩子不生病就行，其他的事情都是顺着小凯的意愿。上学前，妈妈就非常焦虑，害怕孩子不能适应学校的生活；上学后，妈妈经常在校门外观看孩子在校的情况。

二、问题分析

了解了孩子的情况后，我分析造成小凯现状的原因有两个：一是身体发育原因。小凯需要接受和配合医生的建议和治疗——每天按时吃药并定期打营养针进行治疗。二是被家长过度保护，所以小凯总是以自我为中心，不能正确地认识自己及他人。需要教师在学校通过教育行为矫正，帮助孩子正确面对和解决出现的问题，尽快让孩子适应学校生活，融入集体之中。

三、干预过程

（一）目标

根据小凯的现状，我决定采用行为矫正法：一方面帮助小凯树立和培养集体意识，正确认识自我，改变小凯以自我为中心的现状；另一方面提高小凯对学习的兴趣和注意力，树立自信心，尽快适应学校生活。

（二）方法

1. A－S－K课程辅助，客观认识自我

孩子在成长的过程中，不仅仅需要老师的教育引导，还常常会从同伴的眼光、言语的反馈中，或自我的表现来认识自己的特点。这个学期非常有幸参加了A－S－K课程研究，A－S－K课程中的“认识自我”一课给孩子提供了一个很好的平台。《海底总动员》中的多莉是一条阳光开朗的蓝唐王鱼。它患有短期记忆丧失症，但这没有影响它乐观向上的生活态度。在A－S－K课堂上，我首先引导孩子们说一说多莉是一条怎样的小鱼，并把多莉的特点用几个简单的词语来概括，如蓝色、健忘、善良、乐观等。我告诉孩子们这些是小鱼多莉身上独有的能量泡泡，也让我们一下子就记住了它。我们每个人也都有自己的“能量泡泡”，想一想自己有什么特点呢？在之前的A－S－K课程中，孩子们（包括小凯）都十分喜欢小鱼多莉，所以多莉的出现一下子就吸引住了孩子们的目光，孩子们也都希望大家能像喜欢多莉一样喜欢自己，于是纷纷动手画起了自己的能量泡泡。而小凯却一直没有动笔，我问他时，他低着头说自己没有能量泡泡。于是我就组织班里的同学们一起来帮小凯找找他身上的能量泡泡。同学们纷纷举手说出了自己对小凯的看法，同学们既肯定了小凯的优点，如爱帮助别人、经常擦黑板，又指出了他的问题，如不听老师的话、经常随便出声。我在课堂上也顺势引导：“每个人都有自己的特点，其中有好的，也有不好的。就像多莉一样，虽然它总是爱忘事，但它善良、可爱，又积极乐观，所以赢得了大家的喜爱。我们如果也能像多莉一样，把自己优秀的能量泡泡放大，把不太好的能量泡泡缩小，就能受到更多同学的喜欢，交到更多的朋友，成为更优秀的自己。”小凯在老师的引导和同学们的发言反馈中明白了什么是大家喜欢的，什么是同学们不喜欢的。渐渐地，小凯有了一些改变，上课出声的次数少了，下课后也总喜欢在班里摆摆桌椅、擦擦黑板。

2. 通过班级活动改变行为，适应集体生活

A－S－K课时是有限的，我把课程的理念融入我的班主任工作中。首先我和小凯达成共识：我们班是由40名同学组成的，一（2）班是我们共同的家，在这个家里不仅要想到自己，更要想到别人。尤其在课堂上不能影响其他同学学习。对于孩子来说，寓教于乐比刻板的说教效果要好得多，在活动中可以树立孩子的自信，培养集体观念，还可以增强班集体的凝聚力。拔河比赛中，我把小凯安排在队伍的最前面，让其感受到集体的荣誉是和每个人的努力都分不开的，齐心合力才能为集体争光。新年诵诗会中，小凯总是站不住，还时不时地发出怪声，我告诉他，在舞台上每一名同学的角色都很重要，只有每个人都表演好，我们班的诵读才能精彩。

3. 课堂上随时关注，树立自信

为了在课堂上激发小凯的学习兴趣并保持注意力的集中，我尽量创设有趣的情境，吸引他的注意，激发他的兴趣。有时他做小动作时，我会用眼神或者走到他身边提醒他。每当小凯举手时，我总是及时地给予鼓励和肯定。语文课上，小凯喜欢读词语，我就让他来做小老师，带着全班同学读，这样不仅有效保持了小凯在上课时注意力的持续性，而且也增强了小凯的自信心。

（三）效果

经过一学期的努力，小凯在各方面都有了明显的进步：课堂上，小凯基本上能安静地坐在座位上听讲，不随便出声，有时还会举手回答老师的问题；他积极参加班里的各项活动，对于班集体的荣誉也非常珍惜；他还在班里交到了几个好朋友呢！特别是在学期末A－S－K后测中，由于他未做前测，所以他的计算机出现了一些问题，而在此过程中，他也能耐心等候老师为他处理问题，并顺利完成了A－S－K后测游戏。

四、经验与反思

在我们这个班集体中，小凯是一个比较特殊的孩子，虽然只有一

个人，但他活动面广，干扰力大，一个失控动作，往往闹得全班不得安宁。这一个学期，小凯的进步与转变，离不开老师爱与智慧的守望。爱虽在师生关系中起着至关重要的作用，但老师仅有爱是不够的，更需要用智慧去探索适合孩子的方法，守望孩子的成长。本学期，我以A－S－K课程为中介帮助小凯客观地认识自己，树立自信，快乐地学习和生活。但让我感到遗憾的是，在对小凯的教育问题上，家校还没有完全同步，家长对老师提出的要求能积极配合，但往往是回家后就因为心疼孩子而放松要求，降低底线。所以也导致了小凯的行为改变不持久，经常出现反复的情况。这还需要教师继续做好家长工作，配合学校正确对待和处理孩子的问题。家校同步才能使孩子进步得更快，孩子也才能更健康地成长。

教育是一条陪伴孩子探索、成长的漫长道路，教师需要对学生全身心地关爱，更要用教育智慧去引导他们，用心守望学生的成长，才能达到最佳的教育效果！

（王连茜）

沟通治愈“暴脾气”

——A-S-K融通课程中培养学生进行沟通的个案研究

大多数学生在学校、家庭、社会等多方面的学习、生活过程中，能适应良好，行为、个性品质等表现正常。可也常有部分学生未能建立良好行为，个性品质不良，带给父母、教师烦恼；另外，还有部分学生甚至发生行为偏差或形成不良个性品质，不仅困扰父母、教师，影响了学生与他人良好关系的形成，而且也影响了学生个体的身心发展，因此引起我们教育工作者的重视。

一、背景描述

（一）学生行为表现

我班有这样一个学生，他平时与同学的关系不够融洽，心胸狭窄，沉不住气，易受激惹。例如，有一次，他看见班内的两名同学很要好，课间经常在一起玩耍，就非常生气，动手打了其中一名比较瘦弱的同学，还生气地说：“谁让你们俩总在一起，不跟我好的?”与同学之间发生一点小冲突，他的暴脾气就上来了，不是骂人就是打人。在家里，他也经常因为一点小事不满意就大发脾气，甚至摔坏家里的东西。

（二）家庭教育情况

对于这位学生的暴躁脾气，学生自己和家长都深感痛苦。因为经常发怒，时常与同学发生冲突，其他学生都不喜欢跟他交朋友，他在集体中感到很孤单。他妈妈主动找到学校，与老师进行沟通，说该生在家也暴躁，该生的表哥也有这样的表现，可能有遗传因素，特别希望得到老师的帮助与指导。家长和该生都有希望改变不良情绪的愿望，这是帮助学生矫正不良情绪的一个有利条件。

二、问题分析

分析该生暴躁不良个性品质的形成原因，可能同遗传素质有一定的关系，但最根本的还是缺乏个人涵养，缺少自我克制的能力。此外，家庭教育中的放纵、溺爱，也是急躁脾气铸成个性缺陷的一个重要原因。通过上述分析，我认为，要纠正该学生的暴躁倾向，一方面，要使学生本人懂得暴躁的危害及其形成原因，使其了解这种不良的个性品质是可以通过教育和自我教育得到扭转的；另一方面，要教他学会宽容待人，注意因势利导，努力通过日常生活中的小事进行个性矫正；同时，做好其父母的宣传教育工作，指导他们正确管教孩子的方法。

三、干预过程

近年来，北京教科院基础教育科学研究所和史家小学联合开设了A－S－K融通课程，课程关注学生间的沟通与合作，其中沟通强调尊重、理解、共情，合作强调在实现共同目标的前提下做必要的坚持与妥协。融通课程主要是在课堂上，模拟现实中的各类真实情景，让孩子们通过亲身体验沟通、合作的过程，了解沟通交流和团队合作的重要性，从而培养学生准确、清晰地表达自己的观点与态度，认真聆听和理解他人观点，以及有效进行团队合作的能力。

基于学校A－S－K融通课程，我有意识地对该生进行引导，课上关注他如何与同伴进行小组合作，在小组中积极表达自己的想法，课下与他谈心，制订“好脾气”的养成计划，设计了一个行为改变技术来帮助该生学会管理自己的情绪，具体实施步骤如下：

与学生交谈：老师知道你有时与同学发生冲突、打架并不是你所希望的结果，你不是一个坏孩子。但是，与同学争吵打架、脾气不好会影响到别人，也伤害了自己。这样吧，从今天开始，你感到自己要发火或情绪不好的时候，就在这张纸上画个哭脸的图标；情绪平稳时就画个严肃脸的图标；这一天心情很舒畅，情绪很稳定，就画个笑脸的图标。这样把你每天的喜怒哀乐记录下来，让我们看看你的哭脸多还是笑脸多，好吗？

表1-1是该生八周的记录情况统计。

表1-1　学生情绪反馈信息

时间	暴躁（次数）	平稳（次数）	高兴（次数）
第一周	3	2	2
第二周	2	4	1
第三周	1	4	2
第四周	1	5	1
第五周	0	5	2
第六周	1	4	2
第七周	1	5	1
第八周	0	4	2

每两周该生交一次反馈信息，老师就和他一起分析记录结果，看看哪方面有进步，哪方面还有不足，并且教他一些与同学交往的技巧，跟他讲道理，帮助他学会宽容待人；同时，在班里及时鼓励该生的点滴进步，为他的转变创造一个良好的班级氛围。

两个月后，引导学生：孩子，你看看现在的记录表，你的哭脸已经没有了，而笑脸的次数增加了，这说明你已经学会了控制自己的暴躁脾气，这非常好。

经过两个月来行为改变技术的实施，我看到该生发生了很大的转变。在班里，他与同学相处融洽了，发生冲突的次数减少了；中午吃饭时，他主动去端饭菜，为大家服务；假期中有个同学过生日，也邀请他去参加生日聚会，他和大家一起度过了非常愉快的一天。在家里，他妈妈也反映这个孩子发生了很大转变，不再乱发脾气了，能看出来孩子现在每天的心情很好，也爱跟妈妈讲在学校中发生的趣事了。

四、经验与反思

通过A-S-K课程开展，配合以上行为改变技术的实施以及教师的及时鼓励和因势利导，这个学生的良好情绪得到了强化，良好情绪出现的机会也大大增加，学生对自己情绪的控制能力随之增强。

当然，要取得长久的稳定效果，还应该帮助孩子找到适当的情绪宣泄方法。如：鼓励他把不愉快的事件告诉父母、老师或其他人，以缓解心中的不快；教他当自己要激动的时候在心中默念“冷静、冷静、冷静”；鼓励他在心情烦闷的时候自我隔离，听听轻松的音乐；培养他养成乐观的性格和幽默感，学会宽容待人；等等。

总之，矫正孩子不良行为是我们每一位教育工作者义不容辞的责任和义务。A－S－K融通课程是一种授课模式和思维模式的创新，能够帮助一线教师更好地开展教育教学工作，尤其为不良行为学生的行为矫正提供了更多的方法和机会。作为教师，让我们去全身心地爱每一位学生吧！这是教师职业道德的核心，也是教师工作成功的前提，只有对学生有这样一种特殊的感情、博大的爱心，才能把教育看成一种事业、一种追求，才能在这一平凡的岗位上获得最大的满足。

（赵彦静）

加油！阿童木

——关于 A－S－K 课程注意力训练的几点思考

对于一年级的孩子而言，注意力无疑是对其在最初的学习生活中起决定性作用的因素。那些在课堂上能够尽可能保持专注的孩子，不论是在学习习惯的养成方面还是学习能力的获取方面，所取得的结果会远远高于其他学生，并对其今后的学习生活产生深远的影响。所以，注意力的培养训练成为我在 A－S－K 课程培训中格外关注的一部分。

一、背景描述

仔细阅读了每一个孩子的前测和后测报告后，我发现了一个前后变化极大的孩子，这个孩子非常聪明机敏，在班里各方面表现都比较突出，被大家称作“阿童木”。在后测报告中，他的注意力分值达到了 79 分，优于常模 85%，但是在前测报告中，这个孩子的注意力分值仅有 26 分，优于常模 19%。一个看似变化不大的孩子，在经过两个月的训练后，注意力分值竟然相差如此之多，这让我开始认真回想两个月以来孩子的成长与改变。

二、问题分析

在开学伊始，我根据对每个孩子的初始印象，为他们安排了力所能及的班级工作。阿童木个子不高，坐在班里的第一排，我就将开关大屏幕的任务交给了他。阿童木很聪明，学得很快，时间不长就掌握了每一个按键的功能。但是在最初的工作中，他在课后关闭屏幕之后往往扭身就走，拉开的黑板还是原样摆在那里，我需要反复提醒，我对他说，你看，这就是你的小尾巴啊。阿童木自己对总落下“小尾巴”这件事很不好意思，但也还是在“忘记—提醒—补充”的循环里反复。接下来，我又有了新的发现，阿童木在刚入学的时候识字量较少，造成了在完成形成性练习的时候，每当遇到阅读题就会感到非常困难，识字量制约了他对题目的理解，但是提高识字量又不是一朝一夕可完成的事情。

三、干预过程

在注意力课程中，有一道“飞越喷泉”的题目，要求帮助多莉根据相同的水花，用最短的距离跳到指定位置。在开始做的时候，阿童木告诉我这道题很简单，选择邻近的水花就好，在我简单提示后，他发现原来并没有那么简单，因为选择最短路径的前提是要选择相同的水花。我开玩笑地问阿童木：“小水花的‘小尾巴’在哪里啊?”阿童木脸一红，一分钟之内就选择好正确的路径，然后认认真真地告诉我：“这回没有‘小尾巴’了。”果然，大屏幕相关的事情再也不需要我的提醒，阿童木不仅会认认真真地记住每一门课老师要用的信号源，连广播升旗班会的使用也不再需要我提醒，关闭屏幕后也会随即把黑板推回原样，甚至在我忘记的时候会默不作声地用行动来提醒我，真正成了我的小帮手。

有关识字的窘况在注意力课程的最后一个游戏“数豆豆”完成后出现了改善。“数豆豆”要求孩子们按照规定的管道前行，看看在最后能收获多少粒种子。既要找到正确的路径，又要累计种子的数量，对孩子们来说是一项不小的挑战。我发现阿童木在第一个管子出错后，在第二个管子调整了自己的策略，他在每一个种子旁边标上序号，这样既不会穿错管子，又不会数丢种子。这样的方法也被他自己运用到了之后的形成性练习中，在大家纷纷出声朗读阅读题原文时，阿童木不仅认真地读，同时也听旁边同学的朗读，努力地将每一句话都记下来，然后将自己所产生疑惑的部分悄悄标记到试卷上，在做题时，就能按照自己的提示完成。这样的方法帮助阿童木在之后的练习中不再惧怕阅读题，语文学习的自信心也得到了提升。

在注意力课程中，还有一个“找房子”的游戏，要求为所有的寄居蟹找到合适的房子，阿童木完成得很快，完成的质量也很高。我发现，这个游戏对他而言，其实是比较“低阶”的，因为这个小小的人儿已经在运用这个“相似图形”的技巧帮我发本子了。在阿童木眼中，每一个字都有自己独特的姿势，所以记住形状就是记住读音的前提，班里每一个同学的名字都是这样被他悄悄记在了心里，发本子这件事对他而言就成了一件再简单不过的事情，也许他不知道这其实是在对自己的注意力进行潜移默化的训练，但是主动认知已经开始成为他的一种习惯。

四、经验与反思

从26分到79分，对于一个刚入学不到半年的孩子来说，这是令人欣喜的飞跃。这个小人儿正在将自己的进步一点一滴地呈现在每一位老师面前，不管是在班里长期任课的老师还是第一次来试讲的老师，都纷纷告诉我：“那个小男孩儿，特别聪明！特别认真！特别可爱！”阿童木能够从这样的课程中汲取养分，是他在学习生涯之初送给自己的一份完美的礼物。我相信，在他长大后，有一天他会回忆起多莉和尼莫，想起那曾经飞跃过的喷泉、数过的种子、找过的新家，会真正理解“受益匪浅”四个字的本真所在。

（罗　曦）

做课堂上真正的主人

——谈一年级学生小A注意力的培养

一、背景描述

（一）学生行为表现

一年级的小学生，由于刚刚入学，年龄较小，还没有养成良好的学习习惯。我们班的小A同学，上课时总是听一会儿，就不自觉地东瞧瞧、西看看，桌面上的任何东西都可以成为他玩的对象。一支铅笔、一块橡皮、一把尺子，甚至一个酸奶瓶上的塑料膜、一张贴画都能让他玩上半节课。每节语文课，我都要提醒他多次。其他科任老师也都向我反映小A的听讲问题。小A也没少挨老师批评。老师和家长也沟通多次，可他还是老样子。一堂课要走神好几次，等到老师提醒而转过神来听课时，由于没听到前面的知识而跟不上，所以对学习失去了兴趣就又去玩手边的东西。时间长了，小A自然对知识掌握不好，老师和家长都很着急。他自己也知道上课应该认真听讲，可一上课又不自觉地神游了。

（二）家庭教育情况

经过调查发现，现在的家长大多是“80后”，学历较高、知识层次高，工作能力强，但因为是社会各个阶层的中坚力量，他们大多工作繁忙，工作压力大，对孩子的关注度不高，加之现在大部分孩子由爷爷奶奶或姥姥姥爷带，很多孩子娇生惯养，被当作家里的“小皇帝”“小太阳”，导致以自我为中心的习惯日益滋生。孩子不良的行为习惯在进入小学后慢慢显现出来，从而影响孩子的听课效果。

二、问题分析

第一，孩子年龄较小，注意力不能有效集中，注意力持续时间较短。第二，家庭教育至关重要。孩子在家中得到爷爷奶奶或姥姥姥爷的溺爱，父母对孩子进行教育时总会受到干扰，影响家长对孩子的教育效果。

三、干预过程

（一）目标

针对小 A 的听讲问题，我和老师们也在探索新的方法，努力尝试改变小 A 听讲的状态，提高听讲效率。本学期，我校与北京教科院基础教育研究所的专家合作开发了 A－S－K 课程，第一个模块就是培养学生注意力的内容。真是及时雨！在授课前我们对学生进行了前期测试，小 A 的成绩为 41 分。数据反映出他的问题比较严重。

（二）干预方法及效果

1. 小 A 举手发言了

在课程实施过程中，我开始重点关注他上课听讲的状态、反应以及课后对他的影响，结果我发现了一些令人欣喜的变化。首先，在 A－S－K 课程第一节课导入的时候，我通过多媒体课件展示激发学生的兴趣，向学生介绍主人公多莉以及她的朋友们。见到这条活泼可爱又有健忘症的小鱼时，孩子们的注意力一下子被吸引过来。随后，我提醒学生要记住我的问题，带着任务观看动画片《多莉寻亲》。接下来，我提出的问题学生们全部回答出来，特别是平时不喜欢举手回答问题的小 A 竟然也高举小手了。

2. 小 A 能够正确回答问题了

A－S－K 课程中，设计了通过游戏闯关的形式吸引学生的注意力。如："找不同""找找她在哪儿""看谁最聪明"等环节的设计，激发了学生的浓厚兴趣。在帮助多莉的同时，学生的注意力会随着课程设计的环节进行转移，同时在小组合作、交流过程中敢于发表自己的见解，鼓励大部分孩子踊跃发言，延长学生注意力集中的时间。小A也沉浸在帮助多莉的闯关游戏中，专注地完成每一个问题，还不时举手回答问题。我发现，只要小A认真听讲，回答问题的质量还是很高的。

3. 小A进步了

在结束A－S－K课程学习之后，孩子们意犹未尽，他们喜欢这种学习方式。小A总是跑到我身边瞪着那双水汪汪的大眼睛说："李老师，咱们什么时候还上A－S－K呀？我还想帮助多莉找到她的家。"令人欣喜的变化出现了，在之后的语文课上，我发现小A走神儿、玩东西的时间少了。上课时，他能够做到专心听讲，眼睛看着老师，不东张西望。他对课文内容有兴趣，不时地也会举起小手发言。特别是遇到他喜欢的课文时，他兴趣盎然，总能大声朗读课文，积极参与课堂讨论并发表见解。

四、经验与反思

短短几个月的A－S－K课程学习，以小A为代表的一部分学生在课堂上专注力有所提高，延长了专心听讲的时间，为教学赢得了更多的宝贵时间，提高了课堂教学效率。回想这段时间的A－S－K课程教学，到底是什么影响了学生的专注力，使小A他们发生了改变呢？教师应从哪些方面培养学生的注意力呢？我总结了以下几点：

第一，A－S－K课程激发了小A的兴趣。兴趣是最好的老师。苏霍姆林斯基在《给教师的建议》中就如何培养学生的注意力提出了自己的观点。他认为："培养学生的注意力，只有一条途径，这就是要形成、确立并且保持儿童的这样一种内心状态——即情绪高涨、智力振奋的状态，使儿童体验到自己在追求真理，进行脑力活动的自豪感。如果教师不去设法在学生身上形成这种情绪高涨、智力振奋的内部状态，那么知识只能引起一种冷漠的态度，而不动感情的脑力劳动只会带来疲劳。"任何一堂课，只有先抓住了学生的学习兴趣，才会让他情绪自然高涨。

第二，A－S－K课程和学习活动创设了情境，调动学生多个感官参与，培养了学生的注意力。一节精彩的教学课，为学生创设特定的情境，充分发挥口、耳、眼、大脑等各种感官的功能，让学生身临其境获得完美体验，使学生成为课程参与的真正主人，帮助学生延长在课堂上的注意力时间。

第三，A－S－K 课程设计多样化符合小 A 的认知特点，从而提高了其注意力。小学生注意力的稳定性有限，一节课堂教学有 40 分钟。时刻保持注意力集中，对成年人来说都是很困难的事情，那么对于一年级的小学生来说更不是一件容易的事情。因此，老师要尽量保持学生注意力集中的有效办法就是时刻激发他们学习的兴趣。可以采取多样化的教学手段，比如，以小组合作讨论、动手操作、动笔练习、课中操等形式，提高学生的注意力和提高教学效率。还可以用一些老师自编的小儿歌，聚焦学生的注意力。如老师说：“我的粉笔转转转。”学生回答：“我的眼睛看看看。”

第四，A－S－K 课程利用多媒体创设氛围是集中学生注意力最强有力的手段。在课堂上，借助多媒体音乐、动画不仅可以第一时间调动学生的感官，吸引学生的注意力，还能陶冶学生的情操，消除学习的紧张和疲劳。对于一年级的小学生来说，这种直接的、形象的学习方式，比较合适。

总之，教学实践中，以上几种方法的交叉使用，有效地激发了小 A 的学习兴趣，使他的课堂注意力明显改善，学习成绩也有了很大的提高，增加了孩子的自信心和进取心。小学低年级学生的注意力培养不是一蹴而就的。它需要教师在平时的教学过程中，时时关注，正确引导，反复训练。老师只要细心观察每个学生的个性，采用不同的方法，因势利导，就会收到意想不到的效果。

（李岩辉）

“学困生”脱困记

一、背景描述

学生行为表现

我们班的小博同学是一位很有辨识度的学生，每当有新老师来班里上课，一定能在5分钟内，第一个认识小博同学。有老师私下对我感慨：“小博同学，真是一个典型的‘学困生’！”

之所以被老师称为“学困生”，一是因为小博学习有很大“困”难；二是因为他上课听不懂，爱睡觉，爱犯“困”。

小博同学学习困难具体表现在注意力极容易受到干扰，同学写字掉根铅笔都能让他看半天；忘性极大，排队永远记不住自己站在哪，每次都需要同学领回来；上课时，老师讲的内容他仿佛总是听不懂……套用一句网络用语：“该用户不在服务区。”

这些学习困难综合起来，对小博造成了很大的困扰和苦恼。小博和家长很着急，老师们也同样着急。

二、问题分析

通过与小博父母沟通得知，小博父母工作较忙，基本没时间管他。小博从小生活在老人身边，老人悉心呵护长大，一手包办小博生活，小博没有得到过锻炼的机会，生活能力、学习能力等各项能力基本为零。而注意力问题更加严重，出现了严重的注意力分散问题，注意力的稳定性、广度、分配性和转移性都很低，所以才会出现以上各种学习能力不足，甚至有障碍的表现。

三、干预过程

（一）目标

家校配合，密切沟通，统一思想，形成合力。

我与小博家长取得联系，多次沟通，向家长详细说明了小博学习能力不足的表现以及危害，引起了家长的高度重视，统一了家校思想认识，形成了教育共识和合力，这为进一步的教育和干预，打下了坚实的基础。

（二）方法

首先，要创新教育方式，激发兴趣。

针对小博学习能力短板，依靠 A－S－K 注意力课程的多重训练手法，创新教育方式，激发兴趣，培养注意力。

我结合北京教科院给予的 A－S－K 成套教材，对学生给予注意力提升方面的培训。针对学生提升专注力，进行视觉训练。一是要求小博集中注意力在情境中寻找目标人物，在一张图画中找到指定的人物，或者物品。二是比一比，找不同，在类似的图片中找到不同之处。三是推理判断，通过已知的细节、事实等，进行合理的想象。

其次，是鼓励信心。

小博最喜欢 A－S－K 注意力课程中“找不同”的游戏。在活动中，小博始终保持着高度的专注性、好奇心去探索答案。他专注在参与的项目中，注意力的稳定性、广度、分配性和转移性都得到了不同的提升。

训练过程中，我注意给小博及时的鼓励和反馈，只要他取得一点进步，都会得到我的鼓励。经过训练后，小博高兴地对我说：“徐老师，想不到别人能做到的我也做到了!”

最后，是坚持恒心。

一方面，以诵读训练注意力。经典诗文朗朗上口，含意深刻，但是对学生来说书中大部分的汉字没有学过，字面意思不连贯，这一系列难度决定学生学习时必须做到“眼到、心到、口到”，才能够有效培养注意力的稳定性。另一方面，写生字训练注意力。写生字涉及眼、脑、手，需要做到眼到、心到、手到，可以培养学生学习注意力的广度，同时开发其多重思维专注力。

这两项针对性训练，对于小博来说真的很难。在写生字的时候，他连竖线都写不直，我让他描摹竖中线。可是他连竖中线也描摹不下来。后来反反复复不知练了多少遍，终于能够沿着竖中线写好一条笔直有力的“竖”，我高兴地说：“好孩子，现在你能写好一条竖，一会儿就能写好一个字，再练习一下，写一篇作业也不算难。万事开头难，贵在坚持。”小博似懂非懂地点点头。就这样，他修改完一份作业，足足花了大半天的时间。我看到他的小手、小脸都擦脏了，心疼地问他累不累，他骄傲地说：“老师，我不累，我高兴!”

对于小博这样的学生，提升注意力是一个系统工程，不可能一蹴而就，需要将这些艰巨的任务，分解成若干小任务，进行逐个落实，积跬步成千里，积小流成江海，一点点树立起他的自尊心和自信心，才能坚持成功。

（三）效果

经过一个学期的努力，小博的注意力水平有了显著的提升，学习成绩有了很大的进步，学习能力获得了较大发展，过去的学习障碍不复存在，学习活动进入了正轨。

小博和他的家长都对这一可喜的变化，表示非常满意，愿意继续努力提升。

小博这个学“困”生，再也不是“困”生了，学习更加积极主动，上课听讲也更加集中注意力，甩掉了“困”生的帽子。

四、经验与反思

通过小博“学困生”不再困的案例，有两点感悟。

一是教育必须讲究科学的方式方法。没有“黑洞”学生，只有空洞教育，许多学习上出问题的孩子都存在注意力障碍，需要多种方法持之以恒地训练、提高。

二是作为老师，要有耐心和爱心，去理解和帮助“学困生”。

每一个“学困生”的背后，都有一系列的困难。这些困难也许来自他本人，也许来自家庭，也许来自学校，也许来自老师，都需要老师耐心地去理解，找到问题症结，因材施教，有教无类，问题一定能得到妥善解决。

（徐　卓）

“小蜗牛”的成长

一、背景描述

（一）学生行为表现

我们班有个叫小希的男孩，非常乖且安静。从6岁入学起，他的表情木讷，动作僵硬，几乎做任何事都很慢，吃饭、交作业、摆用具、学习等不能和其他同学同步。而且老师跟他说话，他没有回答，在语文课上不写字，在美术课上不画画，完全不能融入集体当中。感觉他对新事物的好奇心不重，一般不会主动地学习新事物，并且在动手操作方面速度非常慢，好像把自己封闭了起来。

（二）家庭情况

看到孩子的情况，我很着急，就和他的家长进行交流，得知他在上幼儿园时就不画画，不和其他同学交往，但在家里就很正常，可以开心玩耍，可以和家人正常交流。我想可能孩子比较慢热，还不适应学校的紧张生活，就准备慢慢引导，静待花开。

二、干预过程及效果

（一）及时欣赏

就在这时，学校开展了A－S－K课程，要给学生进行前测，小希用了很长时间，是最后一个测试完毕的孩子。当时我想是不是这个孩子智力有问题，所以做事很慢，用了那么长时间才做完题。没想到专家的一席话使我无比震惊，专家说：“这个孩子的注意力很好，否则不能很长时间地专注于关键的信息，而且他的认知能力、逻辑思维能力都很好，应该是班里最聪明的孩子。因为他做得越好，软件中就会推送出更难的题，他就会用更多的时间去完成。”听到这个消息，我太高兴了！使我对小希的看法转变起到关键性的作用的应该是专家的一席话。我赶紧在全班表扬他，在微信班级群里夸赞他，他的家长很受鼓舞，他的脸上开始有了一丝笑容。

（二）同学互助

记得在一次语文口语交际课上，我让同学们去找平时他们不了解的同学聊一聊，结识更多的朋友。很多同学都聚拢到小希身边，主动和他聊天。我问其中的小琪：“你为什么找他聊天？”小琪说：“我觉得小希很聪明。”我听后感觉上次的夸奖起了作用，同学们愿意和他交往，感到非常欣慰。可一会儿，小琪找我来了，说：“老师，我们跟小希说话，小希不理我们。”看来，孩子不但和老师没有交流，和同学也拒绝交流，对此情况我感到很奇怪，就翻阅了相关的心理书籍，看到了这样一段话：“社交恐惧是对人际交往的恐慌。恐惧对象可以是某个人或某些人，也可以是除了特别熟悉的亲友以外的所有的人。具体表现为极力避免与恐惧对象交往，如不得不与之交往，便会举止笨拙、惊慌失措、忐忑不安。这类人对被人注意尤为敏感，因而常常拒绝出席各种聚会，也不愿去可能要与人打交道的公共场所。有时，恐惧也是一种自我保护。”感觉文中所说的内容，非常符合小希的情况，从此，我对小希给予了更多的宽容和关爱。

（三）A-S-K的实践干预课

在一节A-S-K课堂上，我发现了小希的些许变化，由于教学方式活泼、朗读形式多样，孩子们的学习兴致很高，活跃的课堂气氛影响到了小希。小希也融入其中，他开始用笔做题，脸上也经常会面带笑容，感觉他在A-S-K课堂上是非常开心、放松的。我就抓住契机，赶紧鼓励表扬他：“小希真棒！这道题做得真好！”慢慢地，小希开始在语文课上写字了，在美术课上画画了。

（四）心理干预

没想到的是，在小希家中发生的一件事，使小希刚刚好转的状态变坏。一次，小希在家中写作业时，爸爸在一边辅导，一边失去了耐心，对孩子大发雷霆，使小希受到了惊吓。从此，孩子在学校又开始不写不画了，而且一写字两只手就在本上颤抖，迟迟不能下笔，做事也更加缓慢了……

我跟家长反映了此种情况，并建议家长带孩子去学校青苹果乐园找心理老师疏导一下。后来心理老师跟我反映，孩子从小由爷爷奶奶带大，老人对孩子过度地保护和关爱，凡事包办代替，甚至连说话也代替了。孩子到学校后没有安全感，没有说话的需要，就产生了心理障碍，叫“选择性缄默”。小希家长就带孩子搬出了爷爷奶奶家，为孩子提供一个相对安静的学习和生活成长环境，帮助其养成良好的生活习惯。而且心理老师建议，孩子的爸爸一定要改脾气，不能对孩子暴躁，只有耐心对待，孩子的状况才能有所好转。

心理老师还建议我跟各科老师说一下孩子的情况，千万不能和他着急，要接受他的状态。比如，上课时叫他发言，他不说话时，不能批评，而是耐心地说：“你再想一想，想好了再说，坐下吧！谁来帮帮他？”……我照此执行，时刻让孩子感受到集体的温暖和关爱。每个星期二下午，孩子都要去青苹果乐园进行心理疏导，慢慢地孩子的状况有所好转，吃饭、做事的动作快起来了，又开始写字、画画了，更令人欣喜的是，孩子的脸上经常绽放出笑容，在语文课上勇敢地举手发言了，在学校礼堂的颂诗会上站在第一排边打手鼓边背诵诗篇，甚至在新年联欢会上表演了 3 分钟的讲故事节目。他的家长和心理老师听到这个消息非常高兴，都感到老师、同学们给孩子营造的氛围太好了，才使他有了安全感，慢慢地在学校开始正常地学习和生活。

三、经验与反思

A－S－K 课程简直就是小希的福音，从 A－S－K 前测专家的口中得知孩子智商超群，消除了我对他智力问题的疑虑，而且惊喜于他内在强大的潜能，焕发了改变他的信心，从而在我的大力赞赏下，同学们对他刮目相看。从口语交际活动中，在同学们由于钦佩他，愿意主动和他交往感到欣慰的同时，发现了他和同学也不愿意交流的问题，从而给予他更多的关爱；在内容活泼、形式多样的语文课朗读中，小希放松、开心了，活跃的课堂气氛感染了小希，他开始做题，在语文课上写字，在美术课上画画。小希的进步离不开 A－S－K 课程的引领，离不开心理老师的专业疏导，离不开家长的改变，更离不开老师和班级所有同学们的关爱。我相信，在大家的帮助下，小希将会茁壮成长，他的明天会更美好！

（郭　红）

从哭泣到欢笑的改变

——结合 A－S－K 课程在数学课堂中提高学生注意力

许多研究表明，注意力是学生积极参与教学活动，努力进行数学思考及思维活动的先决条件和关键因素，是有效课堂教学的前提和保证。注意是心理活动对一定对象的指向和集中。这里的心理活动既包括感知觉、记忆、思维等认知活动，也包括情感过程和意志过程。

对于学生来说，注意力不集中不仅仅影响课堂中听课的效率及自身的学习成绩，还对其自身的全面发展起到阻碍作用，并产生重要的影响。小学是注意力培养的关键期，尤其是对处在学习习惯养成阶段的低年级小学生而言，注意力的培养与训练是养成良好学习习惯的必备条件。

一、背景描述

相关研究表明，在小学阶段儿童的注意力广度和注意稳定性都在迅速发展。因此，教师在教学的过程中，十分有必要、有意识地对学生进行注意力方面的培养与训练，提升他们的注意力水平。

（一）学生行为表现

小安今年 7 岁，是一个爱说爱笑、热情开朗的女孩，和小伙伴们的关系都很好，大家都喜欢和她做朋友。但小安在课堂学习的过程中，有一个最大的问题就是永远不能专心致志地听讲，手里总是要玩个小东西，或者东看看、西瞧瞧，注意力很难长时间集中在一件事情上。

下课铃声一响，座位上立刻就没有了小安的身影，她冲到教室外的操场上去招呼小伙伴一起玩游戏。她从来不关注课堂学会了多少知识，是不是还有错误没有及时改正。

经常会有授课教师向我这位班主任反映小安在课堂中的不佳表现，以及她没能按时完成课堂作业或者她有需要及时改正的错误作业。

为此，我多次利用闲暇时间和小安进行沟通，小安也表示愿意做一个积极上进、努力优秀的好孩子。但通过一段时间的观察，小安并没有什么真正的改变。

（二）家庭教育情况

为了帮助小安更好地适应学校生活，培养良好的学习习惯，我及时与她的父母取得了联系。小安的父母年龄比较大，都是拥有高等学历的知识分子，他们表示自身从小学习与做事都是自觉、自律的，从没让家长费过心。父母平时的工作又都很忙，所以在小安的学习教育方面确实没有进行较多的关注。由于他们认为新时代的教育就是要释放孩子的天性，所以只是根据日常经验教育孩子做事要专心。平时小安犯错误，只是进行了简单的说理和批评教育，并没有帮助孩子养成良好习惯的监督机制，例如奖励、惩罚等。

其实小安的父母在她在家学习的过程中，也发现了小安的注意力水平相对比较低。她的父母对于小安的注意力评价举例如下：第一，不能专心完成学习任务，经常东张西望；第二，完成学习任务时容易受到外界事物的干扰，周围一有动静就十分容易分心；第三，学习一会儿就要去做别的事情，经常中断学习过程，缺乏耐心和持久性。

二、问题分析

通过家校沟通，我很明显地发现，虽然家长对孩子注意力集中的评价不高，但其自身对于注意力问题的关注存在缺失，并没有认识到注意力水平低对孩子学习过程产生的严重危害。同时，家长在教育子女方面，也是缺少相应的时间和有效的方法，导致小安没能拥有良好的学习习惯。

在学校教育方面，由于小安的注意力不集中现象更多地表现为，不能及时跟随教师的课堂节奏，自己玩自己的，并没有干扰课堂秩序和教学进度，所以教师能够关注她走神的情况，但并不是总能特别及时。同时小安也只是为自己感兴趣的内容愿意积极主动地接触，一旦是自己不那么好奇的内容就会表现出相对的懈怠情绪。所以，小安在注意力广度和注意稳定性方面都相对较差，如果长此以往，一定会影响小安未来的学习和发展。

三、干预过程

（一）目标

与小安的父母共同合作，相互配合，有针对性地设计安排一些有助于提升注意力水平的训练，帮助小安注意力持久性能达到10～20分钟，提高注意稳定性（不东张西望）养成良好的注意力习惯。

（二）方法

1. 注意力训练

A－S－K课程是北京教科院开发的课程体系。是以培养学生的态度（Attitude）、技能（Skill）和知识（Knowledge）为基础，以发展学生核心素养为目标的，通过Pre课程、学科攻关课程、融通课程进行进阶式培养，为学生终身学习和发展、适应未来社会奠定基础的课程体系。

A－S－K Pre课程侧重幼小衔接，基于已有的儿童认知发展理论基础，并利用现代信息化教育技术手段，针对学龄儿童“学习品质”和“认知基础”两方面为学龄儿童打造一系列以游戏化为特色的幼小衔接过渡课程。“注意力模块”是Pre课程重要的一部分。

A S K课程在注意力模块的内容，更多的是对注意力广度和注意稳定性的专项训练。该模块共分为6个课时，从孩子们喜爱的动画片《海底总动员》中提取主人公与故事情节，设计一系列挑战任务，真正做到了课程内容与学生兴趣相结合，让学生在游戏中培养和提升能力。

例如：在第2课时“找找他在哪儿”这一主题下的“汉克的七条触腕”游戏环节。可以引导学生用笔画一画，沿着七条触腕，一条一条地走一走，画出每条触腕走到哪里，通过观察颜色、位置等方面确

定路线。让学生能静心、专注地走每条触腕，要求用笔画。符合注意力要求听觉、视觉、触觉等多方面感受。(方法 1)

如果学生运用倒推的思想，从多莉鱼缸的触角出发寻找路线，教师也要及时给予肯定，鼓励与表扬学生思维的灵活性。当然，为了提高学生注意力的稳定性，教师在教学时可以尽量避免学生从结果倒推。(方法 2)

2. 教学环节

首先，听指令做动作训练。听指令做动作训练在数学课程《数学乐园》教学内容中应用得十分充分。即学生在有计时的情况下，根据教师的指令要求做出不同的判断或者动作。这个过程中，需要学生集中注意力对听到的词语做出辨别和反应，既训练了学生的注意力，又巩固了学生对于知识内容的掌握。例如，教师在《数学乐园》这一课堂教学中的指令有：请 1 至 10 号和大家挥挥手；请序号是单数的同学蹲下；请序号是与 9 相邻的两个数的同学举手；从右数第 2 位同学原地踏步，走！在随后教学课堂中，教师都可以选择与教学有关的内容成为素材，有目的地进行数学渗透注意力训练。

其次，相加等于 10、9、8、7 等训练。相加等于 10、9、8、7 等训练就是要求学生在随机数字表中找出左右相邻相加等于 10 或 9 或 8 或 7 的数字。每次选择一个和为游戏要求。这一训练方法需要学生在保持注意力稳定的情况下进行数学的运算，正是低年级学生加减法内容的练习与巩固。这样既训练了学生的注意力水平，同时也在考验和训练学生的运算能力，十分适合穿插在课堂教学中使用。

最后，正、反向报数。正向报数训练是要求学生按照从前往后的顺序复述老师说出的一串数字。例如：老师说 1、2、3，学生需要复述 1、2、3。而反向报数则是要求学生按照从后往前的顺序说出一串数字。例如：老师说 1、2、3，学生需要复述 3、2、1。数字的难度可以根据教学进度，由低位数到高位数。这一注意力训练方法是以学生的记忆广度为基础，既能训练学生的注意力又能训练数字记忆力，同时使学生进一步巩固“数的顺序”这一部分的知识内容。适合成为低年级课堂中“课中操”以及“课中游戏”的一部分。

3. 家校结合

第一，舒尔特表格训练。我给家长提供了舒尔特表格。并提出保证每周至少完成 2 ~ 3 次的训练。舒尔特表格训练是指在 5 × 5 的表格中标记有打乱顺序的 25 个数字，需要学生按照顺序从数字 1 找到数字 25。要求学生在找的过程中边用手指，边念出数字。评价的指标是学生完成任务的时间，完成时间越短，则说明注意力越集中。

值得说明的是，我需要为家长准备多张不同的舒尔特表格，保证每次练习内容不同，避免学生产生疲劳感。同时，这一训练方法还可以帮助学生巩固数学教学中“数学顺序”这一部分的知识内容。当然，随着学生年龄的增长和学习知识程度的加深，我还可以改变舒尔特表格的难度，将 25 个连续的自然数打乱顺序填写进表格中，与一年级下册学生学习“百以内数的认识”的知识内容进行完美对接。

第二，连线训练。连线训练是要求学生在杂乱无序的线条中找出每根线条分别对应的起点和终点。这一训练方法简单，但学生在连线的过程中需要精心、耐心、集中精力抵抗干扰，眼睛还要全程追踪线条的行走轨迹，这样才能准确无误地找到每根线条的起始点。家长在训练的初始阶段可以选择设计根数较少的连线，然后跟随学生的进步逐渐增加连线的难度。这一训练内容与 A – S – K 课程中“汉克的七条触腕”游戏环节的设计有异曲同工之处，对学生注意力稳定性的提高很有帮助。

（三）效果

小安很喜欢 A – S – K 课程的内容，但是由于她的注意力水平相对较低，在进行“汉克的七条触腕”游戏环节的过程中，由于她不能够集中精力找到汉克帮助多莉的正确触腕，所以当其他同学通过自己的努力慢慢地都完成任务时，小安在课堂上无助地号啕大哭。

通过这件事情，小安自己也意识到了注意力水平的重要性。在老师和家长的帮助下，她努力地成长着。在学校，老师除了在日常教学中有意识地增加提高注意力的教学环节外，还对小安进行了额外的关注。当小安走神儿时，会收到老师及时的提醒，她意识到老师的关注与用心，自己也更加努力保持专注。

课后，小安的父母也重视起对孩子的教育问题，决定帮助培养孩子良好的学习习惯。首先是抽出时间陪孩子一起学习，有了家长的监督，小安在完成学习任务走神的时候，会快速提醒自己把精力集中会学习上。同时，家长结合舒尔特表格训练和连线训练帮助小安进一步提升注意力水平。

经过几个月的努力与坚持，小安的注意力水平有了显著的提升。首先，在课堂上，她的走神次数少了，注意力专注的持续时间也由原来的不足5分钟延长到了10分钟左右，这使小安的逻辑思维能力也得到了一定的提升，在解决数学问题时比以前更加顺利。其次，随着小安注意力水平的提升，她完成数学课堂作业的时间也有了明显的缩短，解题正确率也在稳步提升。小安的父母也表示，小安在家完成数学任务时比之前更加专心，并且能坐得住的时间也有明显的延长。这些点点滴滴的变化也在慢慢给予小安更多的自信心，当她因为注意力不集中遇到困难时，再也没有像之前那样号啕大哭，而是学会了寻求教师和家长的帮助，慢慢克服自己的弱点，不断进步，最终解决困难。

在学期末A－S－K课程“看谁最聪明”教学过程中，小安已经能够快速而正确地完成任务，成了同学们中的佼佼者。她的努力付出终是得到了回报，从一个无助哭泣的悲伤者，成了努力进取、勇敢坚持、取得胜利的欢笑者。

四、经验与反思

通过一个学期对于学生注意力水平的训练，我很明显地发现注意力训练的课程对于提高学生注意力的稳定性效果最明显。同时，多方面的配合能够更加有效地帮助小学生提升注意力水平。

在很多家长的认知中，孩子注意力不集中是因为年龄太小，只要随着时间的推移就会越来越好转。但事实上，在学生成长的过程中，必要的注意力训练是不可或缺的。同时，集中注意力来完成某件事情，也不是所有学生天生就能做到的。这需要在后天进行有意识的、科学的、有针对性的培养，这些训练在提高学生注意力水平的同时，也加速学生其他方面能力的发展。在帮助小安提高注意力水平的过程中，我及时与孩子的父母沟通，借助家校合作的教育模式，使教师与家长对学生能力及习惯的培养很好地达成一致，为帮助学生成长起到了事半功倍的效果。

通过研读文献和前期对注意力训练的研究，我发现如果采用单一的注意力训练方法，那么随着时间的推移，在后期参与的训练者非常容易产生疲劳感，所以训练的多样性与灵活性也是需要教师在教学中多加关注的。这也是我为家长准备多张不同的舒尔特表格的原因所在。

同时，在帮助低年级学生提高注意力水平的过程中，我发现从学生感兴趣的事物入手，更容易第一时间吸引孩子们的注意力。建议各个学科的教师在课堂教学的内容中，增设能够提高学生注意力水平的模块，并根据学生的年龄特点及兴趣爱好，结合学科特点创造有故事情节、趣味性较强的游戏或教学活动，通过不断改进教学内容和方式，利用各种方式的变换持续吸引学生的注意力，从整体上帮助他们提升注意力的稳定性。

（李焕玲　肖　畅）

走进“魔法学堂”，学会专注学习

——运用 A－S－K 课程理念培养学生注意力的个案分析

注意力是人最重要的心理素质之一，注意力水平的高低，直接影响着学生的智力发展和对知识的吸收。意大利的著名教育家蒙台梭利说：“最好的学习方法就是让孩子聚精会神学习的方法。”研究如何培养学生的注意力，是学生全面发展的需要。而刚入学的一年级学生注意力的稳定性较差，集中于某一事物或活动上的时间较短，而且容易受外界新鲜、突变和运动的事物吸引，从而容易分散注意力。表现为上课时经常走神，不注意听讲，做小动作，和周围的同学随意说话等，对教师和同学的发言以及课堂活动不予理睬。这是影响课堂教学效果、学生学习效率最常见的原因之一。因此，注意力的培养对低年级小学生有着十分重要的意义。

本学期，一年级学生一入学便开始了 A－S－K 课程的学习，孩子们走进“魔法学堂”，被《海底总动员》的新朋友和有趣的闯关游戏深深吸引；而我在 A－S－K 课程理念的引领下，也从中探索了新的教育教学方式，使班里的个别学生在注意力方面得到了明显的改善。

一、背景描述

（一）学生行为表现

新学期一开学，在众多刚入学的学生中，小姑娘文文很快引起了我的注意。她第一次走进教室时，一直东张西望，左顾右盼，目光没有在任何事物上有过片刻停留，即便我站在她面前向她问好，她也只是瞥了我一眼，继续一边环顾教室，一边漫不经心地对我说了声“老师好”。安排好座位，她依然坐不住，一会儿回头看看别人，一会儿站起来扭扭身子，甚至还跪在椅子上晃来晃去……开学后，大多数孩子渐渐养成了良好的行为习惯，课堂表现渐佳，但文文不仅还是老样子，甚至出现了面向后坐，自言自语出怪声，下座位动他人物品，不写作业吮手，家长代替写作业等更为不良的行为。她对班里各项事务都漠不关心，和同学的交流也多使用“武力”，各科学习情况纷纷亮起了“红灯”。在A－S－K课程前测时，我特意坐在她的身边，她磨磨蹭蹭，多次走神儿，用了整整一节课的时间勉强才完成测试。

（二）家庭教育情况

为了更好地帮助文文，我多次请文文的爸爸妈妈来到学校，面对面进行交流。通过几次沟通，我了解到文文小时候做过一次心脏手术，在一个多月的住院治疗期间，小小的她被迫离开父母，变得缺乏安全感。出院后，大多数时间由老人照料，对于本就身体虚弱的她，家长更多关注她的身体健康，不敢有太高的要求，很多事情都随着她的意愿，对行为习惯的培养有些忽略，也逐渐让她形成了比较任性的性格。入学后，问题逐渐显现，家长也很着急，却无从下手，用尽办法也没有改善。

二、问题分析

通过观察和与家长沟通后，我想造成文文这种情况的原因有两点：一是幼年时期与父母的分离，使她对人缺乏信任，不愿交流，思维和情绪的稳定性较差；二是家长对孩子过度顺从，不注重行为习惯的培养，包办代替较多，经常干预孩子的自主行为，方法简单粗暴，使其任性并对事物无法集中注意力。

三、干预过程及效果

针对文文注意力方面的问题，我与家长深入沟通，达成共识，决定采用不同的训练方式，家校协同，着重培养文文注意力的稳定性和广度，提高听讲效率，同时帮助孩子建立与他人之间的信任，以更好地适应小学生活。

（一）交朋友，建立信任，激励进步

在A－S－K课程中的“魔法学堂”里，我们认识了很多来自动画片《海底总动员》中的可爱的新朋友，它们深深吸引着孩子们的目光。介绍动画人物的小短片一开始播放，文文就目不转睛地盯着屏幕，不错过每一个细节，这也是我第一次在文文脸上看到如此专注的神情。我暗自欣喜，看到了孩子的兴趣所在，也许这正是激发她学习热情的好时机。看完短片后，我让孩子们说说“认识了哪些朋友？最喜欢哪个朋友?”文文竟然破天荒地举起了小手。我抱着试试的想法让她来回答，她竟出乎意料地细数着每个人物的特点，汉克会隐身，尼莫帮助多莉找爸爸妈妈……当说到最喜欢的朋友，文文低着头小声说：“我最喜欢多莉，因为她有健忘症，我的记性也不好，我们两个一样。”听了文文的话，我似乎看到了她内心的孤独、自卑，但想到文文终于有了可信的“朋友”，心里燃起了希望，直觉告诉我，多莉或许真的可以帮助文文解决注意力不集中的问题。

文文在这节课后念念不忘“魔法学堂”，时不时问我什么时候可以再和多莉一起上课。我告诉她，多莉虽然健忘，却喜欢认真专注的孩子，她当即表示要向这个方向努力。在第二课“找找他在哪儿”中，文文果然表现出了高度集中的注意力，“不一样的多莉”“汉克的伪装”“汉克的七条触腕”“漫漫回家路”等闯关活动都需要集中注意力，耐心细致，文文都非常专注地完成了闯关；但带领孩子们分享感受时，她却又开始和从前一样走神儿，漫不经心地玩着手里的橡皮。课后我找到文文，告诉她：“多莉已经看到了你的进步，它愿意和你成为朋友，但是你如果坚持的时间更长一些，它就更喜欢你了。”文文听了很高兴，坚定地对我点点头。

在接下来的“魔法学堂”里，文文的表现越来越好，不仅能顺利完成各种注意力训练的闯关游戏，而且还能举手和同学们分享她的好方法：“我闯关的时候盯着答题卡不走神儿，还用笔画了线，就能做对了。”我顺势把特意准备的《海底总动员》人物贴画贴在文文胸前，带着同学们给她鼓掌。看着文文在“魔法学堂”的学习活动中能有这么好的表现，注意力的稳定性有了明显提高，我想我们已经成功迈出了第一步。

（二）制定短期小目标

稳定的注意力是经过长期训练形成的，每一节课都极为重要。任何学科的课堂教学都需要关注到学生学习的注意力培养，良好的学习习惯将会影响孩子的终生。对文文注意力的训练初见成效，但仅仅在“魔法学堂”里远远不够。我告诉文文，我们要和多莉一起努力，共同进步，制定一些比较容易达到的小目标，就像在“魔法学堂”里闯关一样，一个一个地实现小目标，强化对注意力的培养。

比如，上好每节语文课。语文课是我能够直接观察到文文的课堂，我把上好语文课定为她的第一个小目标。考虑到文文注意力不易集中和容易受到干扰的问题，我把文文的座位安排在了第一排中间的位置，这样更便于和老师直接互动，当她走神儿的时候我也能及时提醒她。为了调动她的学习主动性，我把多莉也带到了我的语文课堂情境中，不时地会请出这位深受孩子们喜爱的朋友，有时让孩子们给多莉讲一讲刚提出的问题，有时请同学帮助多莉读读词语，还有时让多莉给认真听讲的孩子贴一枚小贴画。每当多莉出现，孩子们的学习热情立刻被点燃，尤其是文文，更是一下子就投入进来。

又如，每天发言五次。我在有多莉图案的小卡片背面画了5个格子，每天发给文文一张，作为发言记录卡，她每发言一次，就在格子里画一颗小星星，如果在一天的六节课中集满5颗星星，我就请多莉奖励给文文一枚贴画。课堂积极举手发言可以直观表现孩子的听讲状态，只有专注听讲，积极思考，才能踊跃发言，换句话说，想要达到发言5次的目标，就必须要集中注意力听讲。刚开始文文做得有些困难，我在语文课上刻意给她更多回答问题的机会，让她感受几次实现目标的满足和快乐。渐渐地，她可以不需要我的帮助，完成目标的次数越来越多，科任老师也反映她的听讲状态有很明显的改善，而她也更加自信，更愿意表达自己内心的想法。

（三）家校共育

培养孩子良好的注意力是一项复杂的工程，需要多方面连续不断的长时间的努力，只有家庭教育和学校教育做到配合一致，才能更好地帮助文文摆脱注意力难以集中的问题。要达成教育共识，最重要的就是积极有效的沟通。文文最初取得进步时，我就及时把文文的爸爸妈妈约到学校，当他们听我详细讲述了孩子的进步和我采用的方法后，他们脸上露出了欣喜的表情，并当即表示要积极支持和配合对孩子的训练。培养文文注意力的问题任重道远，对于文文来说有很大困难，但目前我们的方法是有效的，只要坚持下去，一定会有改善。文文的妈妈根据我的建议，每天和文文进行半小时的注意力闯关游戏。比如，按顺序摆放打乱的扑克牌，用球拍托球按规定路线行进，按顺序指读打乱的数字，等等。当然，和文文一起游戏的还有“魔法学堂”的好朋友多莉。每个周末，我会和文文妈妈沟通这一周孩子训练的数据统计结果，分析训练的效果，及时调整方案。通过数据对比，可以很明显地看到文文在训练中的表现越来越出色，注意力的稳定性和广度也有所增强。文文对这些训练也非常感兴趣，有时还会和同学们一起分享这些有趣的小游戏，收获了更多的朋友，而我看到了一个更加开朗自信的文文。

四、经验与反思

对学生而言，良好的注意力能保证他们更清楚、更完善地认识事物，也直接影响着学习效果。作为教师，帮助学生建立高稳定性和具有广度的注意力，是我们的重要教育责任之一。在参与A－S－K课程注意力模块实施的一年时间里，我不断探索和尝试更新、更有效的教学方式，将A－S－K课程理念融入语文课堂中，并运用课程理念针对个别学生进行了长期系统的干预，我发现语文课堂更生动了，学生的热情更高了，个别学生经过长期干预也有了明显的改善，我想这就是“魔法学堂”的魅力。在实施过程中我也遇到不少困惑，比如，如何才能将课程理念与语文学科更好地结合，对于学生训练的效果评价怎样才更科学，等等。但我想这些问题也是我们未来探索研究的动力，我相信通过A－S－K课程与学科融合的不断完善，孩子们也将收获更优质的成长。

（王　宁）

攻心计，见成效

教师的职业是以“爱”作为前提的。因为没有爱就没有教育，而教师的爱更理性、更广博、更无私，也更严格。在面对问题学生时，若要改变学生的不良品行，更需要教师持久的爱心，不仅要做深入细致、耐心艰苦的思想工作，动之以情，晓之以理，持之以恒，也要因材施教，选取不同的教育策略，才能见成效。

一、背景描述

（一）学生行为表现

在今年新入学的一年级新生中，有个叫凡凡的男孩。这个孩子中等个头，瘦瘦的，从表面上看是一个非常正常的孩子。但他却有很多坏习惯——任性、暴力、不吃亏。刚入学时，经过同学座位就会顺手翻看同学的书包，经常无故拿同学的物品；在同学的本上乱涂乱画；上操时无故往前面同学身上吐口水；与同学发生口角直接挥拳相向，造成同学鼻子当场出血；甚至主动招惹同学，影响同学上课后，同学加以质问或阻止，还会招来一通拳脚。明明是他自己做得不对，他不仅不道歉，还要伤害同学，简直不讲道理。要是吃了一点亏，那事态将更加严重，如：用拳头朝同学的面部打，或者伸手扇同学耳光，甚至掐同学的脸。班里有好几个同学的鼻子被打出血，脸被打红或掐伤……开学前两个月，每天都会发生各种矛盾。

（二）家庭教育情况

每天大大小小的问题不断出现，与家长沟通，解决处理各类问题也成了我的常态工作。开学第一周我就与凡凡家长进行了多次谈话，得知孩子的诸多问题源于家长的娇惯，孩子的姥爷与其父母相互推卸责任。种种表现已经让孩子爸爸觉得孩子有多动倾向。谁知孩子爸爸带着疑虑刚一出口，便马上被他妈妈否定了。这一个否定，不仅让我察觉到教育思想方面的不统一，更让我感觉到孩子妈妈对于“多动”一词的极度敏感。我也顿感改变凡凡的困难程度之大。随着一桩桩事情的发生，以及与家长的沟通，慢慢又了解到孩子在幼儿园时曾经被老师打脸。孩子爸爸在教育孩子时也曾多次打过耳光，给孩子身心造成伤害。

二、问题分析

与家长多次沟通后，了解到其原因有以下几点：（1）孩子从小是姥姥姥爷带大，在家中娇生惯养，养成了任性、蛮横、暴力的倾向。（2）孩子在幼儿园时曾经被老师打脸。孩子的爸爸在教育孩子时也曾多次对孩子使用暴力，包括打耳光，给孩子身心造成伤害，心理蒙上阴影。面对凡凡的问题，我要做的不仅仅是解决一件件伤害事件，更严峻的是要帮助凡凡彻底改正自身问题。同时也还要给其他学生和谐温暖的学习氛围。

三、干预过程和效果

（一）通过A-S-K课程的介入，帮他树立信心

凡凡在集体中的表现，使得同学们不敢也不愿与他接触。由于身边很少有伙伴跟他玩，让凡凡感觉很孤独寂寞。这学期开学后，A-S-K课程的启动，让凡凡在班级中找到了自身的定位。那是在A-S-K的“魔法学堂”课上，可爱的新伙伴——“多莉”伴随课程始终。我们设计了一系列课程训练学生的注意力。第一节课“认识新朋友”，用动画片的形式让孩子们熟悉短片中的人物角色、了解其典型特征。第二节课“找找他在哪儿”，通过游戏闯关完成注意力稳定性和广度的基础训练。第三节课“帮帮多莉吧”，继续通过游戏闯关，强化孩子的注意力稳定性和广度。第四节课“看谁聪明”，通过游戏闯关，完成注意力稳定性和广度的学科衔接训练。尤其是在前两节课的闯关游

戏过程中，孩子们需要按规则完成每一个闯关游戏，让孩子将注意力稳定性和广度的品质迁移至学科学习中，让孩子在学科游戏活动中体验专注及独立完成任务的成就感。凡凡和其他孩子一样，在课程开始就被多莉吸引，眼睛始终盯着课件。在游戏闯关过程中，凡凡更加专注，始终高高地举着小手，抢着回答问题。还忍不住将答案脱口而出。看似有些不合规矩，但我仍然对他表现出的专注给予充分肯定："凡凡，你一直帮着多莉找她的家，找她的爸爸妈妈，帮了她很多忙，多莉很想和你成为好朋友，你愿意吗?"他不假思索地说："我愿意!"于是，我又在班级里表扬了凡凡在"魔法课堂"的优秀表现，并且让他成为多莉的第一个好朋友，帮助多莉解决困难，也希望其他同学都能成为多莉的好朋友。凡凡听了老师的肯定，不仅连连点头，而且脸上一直带着微笑，看得出他是很开心的。我趁势又对他说："凡凡，多莉善良、乐观，但又有些健忘。我们人类也是一样，都会有缺点。有缺点不怕，改了还是好孩子。你身边的好朋友越来越多，你就不会孤单寂寞。你能试着与同学和平相处，用语言沟通吗?"凡凡点点头。之后的几天，凡凡打同学的现象确实在减少，身边也会有同学跟他聊天，跟他玩耍了。我也暗自惊喜。

（二）攻心计，见成效

"问题学生"的转变需要老师有极大的耐心和恒心。因为"问题学生"的思想、心理、行为习惯已造成偏差定势，因此其转变的过程也是反反复复的。A－S－K课程的课时又极为有限。我也就需要针对他的表现，辅以一些其他教育方法帮他改正缺点。

多莉与凡凡成为朋友仅一周时间，之前的问题又再次出现。看到苗头，我在解决问题的同时，向心理老师寻求帮扶办法。心理老师给出的建议是：在每次攻击完同学后，轻而易举说声"对不起"的作用不大，甚至他的内心没有触动，可以试试让凡凡的内心感到疼痛，看看会不会有效果。她还说，像这种主动攻击同学，除了道歉，可以再给被打孩子买些食品等加以安慰。于是我结合心理老师的建议，在凡凡打同学的事情上做了调整。主要目的是：（1）保证班级正常的教学秩序。（2）保证其他同学在校学习期间的人身安全。（3）帮助凡凡尽快改正错误。首先要手写两份承诺书，学校和家里各放一份，其次把自己最喜欢的一件玩具放到学校，连同承诺书一起由班主任老师保管。要求每当情绪不好要攻击同学时，马上到办公室通过砸自己玩具把情绪发泄掉。砸坏这个玩具后，需及时拿一个新的玩具补充到学校。我也承诺凡凡：如果这学期后半段不出现没有缘由地侵犯同学，我也会在放假前，将玩具完好无损地还给他。在我与凡凡及其家长达成共识后，我们即刻按承诺的要求凡凡。这看似奇招的攻心计还是起了很大作用，为了保存他心爱的乐高玩具，动手打人的现象迅速减少。渐渐地，他不仅与同学友好相处，身边的伙伴也越来越多，而且有的同学不小心碰到他，或跟他逗着玩有肢体接触，凡凡居然没有还手，而是找到我，笑着跟我说："老师，××同学刚才碰到我，我没还手。"我听罢，立刻把凡凡搂在怀里，然后捧着他的小脸说："这次，你做得太好了，你越来越懂得宽容别人了。"接着，又找来那个男孩跟凡凡道歉。

接下来的两个月直到期末，孩子的转变令人惊喜。与同学的矛盾不仅大大减少，而且打人事件也朝着清零的目标接近。当然也要允许凡凡的问题再出现反复。即便出现了也属正常现象。那我就反复抓，直到打人事情清零为止。在凡凡转变过程中，其他方面有不同程度的进步，慢慢形成了一种良性循环。

（三）寻找亮点，融入集体

仅仅让凡凡改正缺点是远远不够的，还需要寻找凡凡身上的亮点，予以激励，帮他树立信心，尽快融入集体，与其他同学共同进步。于是，在凡凡与多莉成为朋友和承诺书的约束下，我观察发现凡凡不仅爱学习、爱读书，而且凭借丰富的课外知识，他上课回答问题非常精彩。说明凡凡上课学习新知识的注意力是非常专注的。发现了凡凡这一亮点，我对凡凡说："你不愧是多莉的好朋友，这是多莉给你的小奖章。"凡凡听后，情不自禁地笑着说："谢谢多莉，谢谢老师！"此后，每次凡凡回答问题后，我都会给予表扬鼓励，逐步获得同学们的认可。慢慢地，凡凡也变得更加自信，和班集体融为一体。

四、经验与反思

凡凡是一个极其特殊的孩子。他任性、暴躁、斤斤计较、有暴力倾向。在班级中，他有一点不如意，或者受到些许冒犯就会爆发，甚至动手，给同学造成不同程度的伤害，给班级的教学秩序带来严重影响。在转变凡凡问题的过程中，我首先借助A-S-K课程的引入，让凡凡和多莉成为好朋友，调动凡凡注意力集中的优势，使之把一部分注意力放在多莉身上，在日后的学习生活中，与同学的矛盾相对减少。接下来，在问题反复出现后，我向心理老师寻求帮助，用承诺书和他心爱的乐高对其不良行为加以控制，收到奇效。最后，我发现了凡凡学习积极主动，听讲专注的闪光点，给予充分肯定表扬，帮助凡凡在班集体中树立自信，融入集体。

在改变凡凡的过程中，我始终以师爱为核心，本着对学生负责的原则，不抛弃不放弃，耐心细致地做思想工作，因攻其心，故见成效。

（耿芝瑞）

第2章

实践反思

TPR 教学法在 A－S－K 课程中的运用

一、对 A－S－K 的认识

对于一年级的学生而言，学习第二语言是有一定难度的。多数学生没有英语基础，但是他们善于模仿，对新鲜事物感兴趣，且乐于参加活动，这也是他们学习英语的有利条件。在经过一学期的学习和熏陶，学生们有了一定的英语基础。能够与外国朋友打招呼，并进行简单的交流。在第二学期开学伊始，教师参与了 A－S－K 的学科攻关英语学科课程，并选用了自己所教授的班级作为示范课的实验班，每周进行一次示范课。A－S－K 课程与常规英语课程不同，属于英语课程体系中的学科攻关课程，是核心素养中语言素养的重要方面，是学生态度、技能和知识的综合训练。小学低年级英语学科攻关课程以情感态度、语言技能、文化意识的培养为主要目标，选择英文歌曲及简单角色表演的教学方式。如每个月一个主题，每个主题都配有与节日气氛相关的歌曲，让学生们通过歌曲去理解节日文化背景，学习主题词汇以及谈论相关节日话题。大量的节日背景和长篇的歌词很难让学生通过语言理解，所以在教授该课时，教师运用了 TPR 教学法帮助学生去理解和运用语言。

二、A－S－K 理念下英语学科迁移实践与效果

（一）全身动作，背景更直观

在英语学习过程中，能听懂单词或者句子的前提就是理解该词、句的意义。A－S－K 英语学科课程每单元的第一课时的教学内容主要是介绍节日背景和初听主题歌曲，让学生了解每个节日的日期和由来，

并从歌曲中感受节日。背景知识里出现的很多词语和句子是一年级学生目前没有接触到的，为了帮助学生创造全英文授课环境，教师选择了用全身动作来代替中文解释背景知识。如3月的主题节日是植树节，节日背景是“Spring is coming, and the ocean is becoming warm again”。在讲到warm时，教师做了擦汗脱衣服的动作帮助学生理解warm。学生通过ocean的图片及教师的动作去猜测句子含义，很容易就明白了这句话的意思。“Dory and her friends are celebrating the Arbor Day. They get together and plant trees.”主人公多莉是学生们很熟悉的老朋友，它想和朋友们做什么事情呢？教师流露出开心欢快的表情跳起来表示庆祝。在讲the Arbor day时，教师做了植树的动作，双手假装握住铁锹挖树坑，然后植树苗。学生们的表情似乎在告诉老师他们理解了。紧接着跟教师互动起来，了解了植树节是每年3月12日，为了庆祝这个节日多莉和朋友们在边唱歌边植树。又如，4月的主题是好玩的图书馆，背景知识是“There are so many colorful new books at school”。教师伸出双手做出很夸张的大圆形说：“There are so many ，什么在里面呢?”教师双手做打开、合上的动作，学生们迅速说出books，教师接着指着校园跟学生一起说school。显然这句话通过教师全身动作的呈现，提高了学生们的学习效率。“Mr. Ray tells Dory and her friends have a new library at school . Let's go to see the new library.”教师打开书本做读书样子，学生猜到了read，顺势教授read books。引导学生思考“Where can we read so many books at school?”教师双手摆成三角形，像是一个房间，学生们说出了图书馆，教师趁机将library这个词教给学生。学生们同时也学习到了4月2日是国际儿童图书日，为了唤起人们对读书的热爱和对儿童的关注。多莉和朋友们去新图书馆庆祝节日。通过简单的动作，学生很容易分辨和理解。做动作的方法可以形成学生对新词、新句的印象，帮助学生理解词语、句子的意思，同时为掌握和记忆词语、句子打下良好的基础。

（二）巧设游戏，学习词句更有趣

在英语学习过程中，适当的游戏活动可以提高学生的学习效率。

A－S－K 英语学科课程每单元的第二课时的教学内容主要是听唱主题歌曲学习重点短语，为了降低学生学习歌曲的难度，教师通常先教授歌曲中出现的词句，学生能够理解并准确读出词句后，再学习歌曲效率更高。如在 3 月主题歌曲中出现的词语或短语 nut tree，bear，silver，nutmeg，pear，king's daughter，for the sake of。教师在教授此部分内容时设计了听词拍手的小游戏，学生们在听歌曲的时候全神贯注生怕落下哪个词语或者短语，听歌结束后教师将词语、短语图片在课件中依次展示，引导学生运用相应的肢体动作来帮助记忆。又如 4 月主题内容中出现的 library，have so much fun，take the bus，sing a song，librarian，fairy tales。通过上节课的学习，本节课教师设计了“我做你指”“我做你说”的小游戏学习词语和短语。教师通过肢体动作让学生猜测是哪幅图片，借此机会呈现该词语或短语的音和形，并领读。在学习后用“我做你说”的小游戏，教师做学生说、学生做学生说的方式来检测学生的掌握程度。以上几种小游戏，师生、生生之间均可进行。这样既学习了词语、短语，又训练了学生的听力，而且大大提高了学生学习的兴趣和参与度。

（三）肢体语言，演唱歌曲更有效

在英语学习过程中，充分发挥歌曲、歌谣在教学的作用，能创设轻松的英语学习氛围。A－S－K 课程的核心是让学生在英语歌曲的学习与表演过程中体验语言文化，训练学生的语言技能。节日主题歌曲是 A－S－K 课程的核心内容，每个月份的内容都由一首主题歌曲贯穿始终。学生们在歌曲中感受节日背景知识，学习新的词语和短语。例如，A－S－K 课程 5 月的主题曲是 *Morning Comes Early*，这首歌曲内容多，生词多，歌曲节奏慢、音高。在学习这首歌时，教师自己反复听练多遍才熟悉节奏，如何更高效地教授给学生呢？教师将歌曲里的每句话用一个动作呈现出来，如“Morning comes early and bright with dew”，教师伸出双手做伸懒腰的动作表示早晨，学生先跟做听音乐，然后边做边唱。“Under your window I sing to you”，教师做出手拿话筒唱歌的样子，学生跟做跟唱。又如，A－S－K 课程 6 月的主题曲 *If*

You're Happy，教师带领学生做“clap your hands, stomp your feet, hurray”的动作，播放音乐跟唱歌曲做出相应动作，学生能够很快地学会这首歌曲，并且边唱边演，乐在其中。教师将歌曲与TPR教学法（全身动作反应法）相结合，在唱唱、做做中使学生自然地感受语言，简化难点。在轻松的学习氛围中，有利于培养学生对英语节奏的敏感度，培养听说能力，增强对字词理解的同时也扩大了词汇量。

（四）角色扮演，情景表演更生动

在英语学习过程中，情景表演是小学低年级学生最喜欢的活动之一。他们有很强的模仿能力，并有强烈的表演欲望。A-S-K英语学科课程每单元的第四课时的教学内容主要是英语剧表演。学生以小组为单位练习和主题内容相关的英语剧进行表演，帮助学生进行交际训练。教师将TPR教学法结合情景教学法，通过肢体反应动作与主题情景相结合。例如，A-S-K课程4月的情景是在图书馆读书的情景，教师首先设计学生们熟悉的主人公人物多莉和好朋友马林、尼莫和汉克为情景剧的角色，学生们选择自己喜欢的角色进行扮演，在真实的情景中运用各自的肢体动作辅助对所用会话的记忆。又如，5月的情景剧，学生选好自己喜欢的角色，通过丰富的面部表情和夸张的肢体语言来进行交际，学生多莉边说边做早上起床的动作并流露出喜悦的表情：“What a beautiful morning!”学生尼莫一边指着天空一边说：“The morn is so blue.”学生汉克双手比画成圆形越过头顶说：“The sun comes red.”学生马林做起床的动作说：“Get up! Get up!”四个好朋友一起摇头做睡觉的姿势说：“Don't linger so long in bed!”然后大家一起唱主题歌曲*Morning Comes Early*。在情景教学中，运用TPR教学法可以让学生以一种体验式的方式在情境中进行交际，把英语带入学生的生活，使英语生活化，让学生在表演过程中体验语言文化，训练语言技能。

三、经验与反思

TPR教学法在A-S-K课程中的使用创造了高效的课堂模式。

TPR 教学法是重视包括视觉、听觉、触觉在内的感知觉的学习方式，在A－S－K 课程中，学生通过游戏、歌曲、表演、多媒体等多种途径学习英语。教师通过丰富的课堂活动营造了轻松的英语学习氛围，降低了学生们的紧张情绪。在培养学生学习兴趣的同时，充分调动了学生的学习积极性。实现了对语言的快速理解，帮助学生建立英文思维，有利于英语的长线学习。总之，TPR 教学法在 A－S－K 课程中起到了非常有效的帮助，但它并不适用于每个学习阶段。教师在做教学设计时应该根据学生的学习情况和认知水平，结合其他教学法一起使用，充分发挥每种教学法的优势，才能更好地达到理想的效果。

（乌　兰）

数学课堂中的沟通合作

一、初识 A－S－K 课程

A－S－K 融通课程价值在于教会学生如何进行人与人之间的沟通与合作。课程中模拟真实情境，让学生体验沟通、合作的过程，感受沟通交流与团队合作的重要性。

沟通是信息传递的媒介，是促进相互合作的基础。只有学会如何与他人沟通，才能及时有效地传递和接受恰当的消息，分享彼此的情感和知识，同时维持和改善与他人的关系，达成共同认识或共同协议。合作是个人与个人、群体与群体之间为达到共同的目的，彼此相互配合的一种联合行动方式。合作是人与人相互作用的基础形式之一，个体的合作能力决定了他能否被社会群体接纳。

自新课标颁布实施以来，教师的教学方式和学生的学习方式都有了明显改变，逐渐由传统的重“教”变为重“学”，这里的重“学”，发挥学生的主体地位，学生是学习的主人，教师是学习的组织者、引导者和合作者。《义务教育数学课程标准》指出：“有效的数学活动不能单纯地依赖模仿与记忆，动手实践，自主探索与合作交流是学生学习数学的重要方式。”把“自主探索、合作交流”提到一个前所未有的高度，充分肯定了合作学习的实效性和可行性。

二、A－S－K 课程中的沟通合作在数学学科中的应用

合作交流是当今最佳的学习形式，通过师生、生生之间的广泛交流，形成不同的知识结构、思维方式和性格特征等的优势互补，这样不仅极大提高了学习效率和学习质量，而且最大限度地满足了学生的表达欲望和对成功的渴求。因此，合作交流式教学为多数教师所青睐。

在数学课堂教学中，让学生围绕中心议题展开合作交流，能充分展示学生的主体地位，使学生从“学会”向“会学”转化，促使学生主动地、开放地学习。同时它能充分发扬民主，吸引学生参与，激活思维火花，开启智慧闸门，给学生以发展个性、展示才华的机会，使学生的探索能力得到提高与发展，另外还能培养学生的团结协作能力和社会交往能力。因此，随着课程改革的不断深入，合作学习被越来越多地引入课堂，小组合作学习成为学生学习数学的重要方式，但在课堂上如何有效地组织学生合作交流呢？

最重要的是准确把握合作时机。在实际教学中，并不是每堂课都要学生合作交流，而是要根据学习内容和学生的实际来确定。在平时的听课交流活动中发现，有时教师一味追求形式，随意让学生讨论，由于组织的散乱，设置的问题缺少研究价值，学生参与不平衡等，致使小组探究“浮在表层”或偏离正题，造成小组合作流于形式，看似热闹，实为摆架子、走过场，浪费了学习时间。怎样才能把握好合作时机呢？通过自己的教学实践，认为应注意以下几点：

第一，个体思考出现困难时。在课堂教学中，我一般是结合 A－S－K 理念，先让学生明确学习目标，然后自学，最后是检查反馈自学情况，有时提出一些具有挑战性的问题，而有些问题是依靠学生的独立思考不能得到很好解决或无法解决的，这时采用小组合作学习，使学生亲身经历问题的解决过程，更能有效地促进学生获得对数学知识的真正理解。比如，学习了位置与方向后，让学生自己设计一个“小小动物园”导游图，画出飞禽馆、猴山、熊猫馆和大象乐园的示意图，再设计一条参观路线，并说说怎么走，多数学生感到无从下手，这时可以展开讨论，先说说自己的设计思路，再动手就容易了。

第二，个人操作无法完成时。数学中有些操作内容依靠学生个人是无法独立完成或无法很好地完成的。比如，在学习统计知识时，让学生调查了解自己家的用电量或用水量，以小组为单位记录下来，这就需要在小组内完成；学习了求平均数应用题后，让学生求出小组同学的平均身高，这也需要合作，测量出每人的身高，才可能较好地完成。这样的例子有很多，基于 A－S－K 理念，我充分调动学生的积极性，增强合作意识，提高合作效率。

第三，学生意见有分歧时。学生在学习的过程中，经常会出现意见不统一的时候，这时教师不要急于下定论，而应该组织学生以小组的形式进行充分的讨论，各抒己见，在辩论中明晰正误。比如，在实验教材四年级下册，学习了乘法运算定律后，老师出了以下题目："下面的题是否运用了乘法运算定律，是什么运算定律？25×28=25×4×7，65×99+65=65×100。"有的同学认为应用了乘法的运算定律，但又说不出是什么运算定律，有的同学认为没有应用乘法运算定律，意见不一，这时就可以进行讨论。另外，对一些开放性问题、教材的重难点等，都可以交流讨论。

三、A-S-K 沟通合作模块在数学教学中的效果

小组合作交流中，学生可以学会尊重别人的意见，接受别人的批评，从而在处事上变得更加宽容和谦虚；同时，小组合作交流是一个集体活动，在小组活动中，学生可以学会组织协调、学会情感交流、学会团结交往、学会取长补短、学会谅解接纳、学会奋力拼搏，学会自我管理、自我教育、自我完善；另外，小组合作交流有利于学生"互助""合作""合群""民主"以及"求实""求是""求真"等道德观念和时代意识的形成与发展，并能培养学生的集体意识和对集体负责的精神。那么在课堂教学中如何引导学生进行合作交流呢？

第一，在新旧知识衔接，沟通知识之间联系时进行合作交流。

小学数学知识大部分是在原来知识的基础上引申发展的。在教学中教师应该善于发现并设法沟通各知识之间的内在联系，由于学生的知识水平和认识能力的差异，有的同学能很好地进行知识的正迁移，而有的同学却感到困难，有许多疑问等待解决。这时，让学生合作交流一番，说出各自的解题思路和疑惑，相互启发，发挥互补作用，达到共同认识的效果。例如，当学生学会用转化的方法推导平行四边形的面积计算方法后，教师可让学生操作合作交流梯形、三角形等图形面积的计算方法。合作交流可以使学生明白，原有知识是新知识的基础，新知识是原有知识的引申和发展，又是原有知识的概括和总结，

进而沟通了知识之间的联系，形成知识网络。

第二，在教材的重点、难点处进行合作交流。

教材的重点、难点，一般也是学生理解掌握的难点，这时要通过合作交流让学生主动学习。只有发挥学生的主体作用，才能调动学生的积极性，从而攻克教学重点、难点，才能真正理解。例如，教学“小数点移动引起小数大小变化的规律”，我没有直接说出或用一连串的相关问题引出规律，而是提出一个有一定包容量的问题：“从上往下看，等号左边小数点的位置是怎样移动的，等号右边小数大小发生了什么变化?”然后分组交流，学生通过合作交流，甚至争论，加深了印象，同时使学生的自学能力得到提高。

第三，归纳法则、规律和概念时，进行合作交流。

当要揭示法则、规律、概括概念时，组织学生合作交流，提取学生思维精华，使学生参与总结过程，锻炼学生思维。教学长方体体积公式时，让学生对“长方体体积跟长方体的什么有关”问题进行合作交流、研究，并利用手中的小方块分组合作，让他们用小方块拼出大小不等的长方体，相互启发、补充、辩论，进行多向信息交流，最终研究出长方体的体积与长、宽、高的关系。这时人人都是学习的主人，个个都体验到了成功的喜悦。

第四，解答开放性问题时进行合作交流。

开放性习题是指一个数学问题，它的答案不是唯一的，或有多种解法，因而它的解答策略也多种多样。在解答开放性问题时，采用合作交流形式，可让学生拓展解题思路，取长补短，培养学生的发散性思维和创造意识。例如，教授平面图形后，出了一道练习题：王奶奶想利用围墙（8 米）围一个鸡舍，她现在有 6.28 米篱笆，你能帮她围一个鸡舍吗?学生合作交流非常热烈，小组间的互补学习热情高涨，最终达成了共识。这样不仅给学生提供一个运用知识、展示才能的舞台，而且对培养学生的发散思维，完善学生的认知结构也有很大帮助。

四、课堂中顺畅的合作交流可以发挥教育作用

在 A－S－K 理念指导下，把握了合作时机，不等于就能让学生很

好地进行交流学习，教师要科学安排、组织、引导学生的合作过程，要注意以下几点：

第一，交流目标要明确。根据不同的教学内容，确定不同的学习目标，让学生讨论什么，探究什么，目标一定要明确，语言表述要简洁明了，针对性强，不要模糊不清，让学生摸不着头脑。

第二，交流方法要灵活。

首先，鼓励学生学会大胆表达。合作学习需要每个成员清楚地表达自己的想法，互相了解对方的观点，在此基础上才能合作探究问题。因此，在合作学习的过程中，教师要鼓励学生大胆发言，勇于发表自己的见解，把自己的探索、发现过程用语言表达出来，在组内交流。这样既能发现不同的思考方法、解题思路，又能对学有困难的学生提供帮助，发挥团队合作精神，使学生在小组合作中敢想、敢做、敢说。

其次，鼓励学生学会认真倾听。倾听是合作学习的重要环节，倾听也是一种学习。在开始合作时，同学之间最大的问题是不能容纳别人的意见。因此，教师要着力培养学生认真听取别人意见的习惯，逐步培养学生在课堂上学会“三听”：一是认真听每个同学的发言，不插嘴；二是要听出别人的发言要点，培养学生收集信息的能力；三是听后需思考，提出自己的见解，提高学生处理信息、反思评价的能力。

最后，鼓励学生学会积极参与。合作学习是集体的事情，人人都有责任完成学习任务，这就要求每位同学积极参与，大胆发表自己的意见。在“心有灵犀”课中，要求四人中要有一名组织者，组内成员要合理分工。比如，谁当表述员，谁当组织员，谁当记录员，谁当检查员等。并且在一段时间里，及时角色互换，使每个成员都能从不同的位置上得到体验、锻炼和提高。对于教师，应热切关注整个学习活动，适时调节，使每位学生都有参与表现自我和获得成功的机会，提高学生的参与度，增强学生的责任感，从而使每位学生都能学会合作，以保证合作学习取得最佳成效。

第三，教师点拨和引导要适时。在学生的合作学习过程中，教师不要撒手不管，而要深入每个学习小组，了解他们的学习情况，甚至参与他们的讨论，对学生提出的问题及时点拨，让学生从被动服从向主动参与转变，从而形成师生平等、协作的课堂气氛，使教师真正成为教学活动的组织者、引导者、合作者。同时，也能让学生少走弯路，达到良好的学习效果。

第四，合作的信息反馈要及时。在小组讨论之后，学生学得怎么样，教师掌握得不全面，需要全班交流的过程来反馈。通过交流信息，发现问题，出现意见分歧，再通过他们自己的辩论，从而得出正确的结论，这样学到的知识才会记得住、学得牢。

总之，依据 A－S－K 理念合作交流并不仅仅是小组成员坐在一起共同完成一个任务，它需要教师结合数学学科的特点，对学生学习的全过程精心关注，科学设计。小组合作学习是培养学生创新意识和动手能力的重要学习形式，也是促进学生全面发展的重要内容，需要我们不断地探索研究，使这种学习形式更合理、更有效。通过课程模拟真实情境，让学生体验沟通、合作的过程，感受沟通交流和团队合作的重要性，加强其传达思想观点、表达态度、交流情感及团队合作的能力。课堂合作交流有利于优化教学过程，有利于优化教学成果，是整个教学过程的灵魂，是贯穿整个教学过程的生命线。

（李　宏）

A－S－K 课程给孩子插上全面成长的翅膀

如何培养面向未来的孩子，使他们能更好地适应 21 世纪新时代的工作与生活，是国家、学校和家庭都很重视的问题。对现代孩子的教育，是应该关注他们的知识、技能的获取，还是应该关注孩子们全面发展，强调适应现代社会所需能力的培养？对学习课程的设置，是应该注重课程和学科的独立性和完备性，还是应该注重促进学科之间相互融合、提升孩子们的综合能力？我想，这些都是现代教育中面临的亟待解决的问题。

从"以人为本"的角度来看，现代教育应该从人的全面发展出发，体现十九大报告中"促进人的全面发展、适应社会需要"这一要求。对于学校来说，就需要解决"培养什么样的人"这个核心的教育问题。基于这样的目的，学校教育应该全面关注孩子们的核心素养，包括知识、技能、情感态度价值观等多方面能力的要求，这些是孩子们能够适应未来社会、促进终身学习、实现全面发展的基本保障。但素养并不是与生俱来的，而是后天学习的结果。

一、对 A－S－K 课程的认识

北京教科院基础教育科学研究所和史家小学开设的 A－S－K 课程是基于孩子们的核心素养要求，针对九年义务教育进行整体设计的系列课程。通过 Pre 课程、学科攻关课程、融通课程，从态度、技能和知识三个维度进行进阶式培养，以孩子的综合素养评估为核心，促进孩子全面地、健康地发展。

二、A－S－K课程的实践

A－S－K课程体系中的融通课程关注的是沟通与团队合作，重点反映孩子的社会技能，沟通强调尊重、理解、共情、合作，强调在实现共同目标的前提下做必要的坚持与妥协。融通课程主要是在课堂中模拟现实中的各类真实情景，让孩子们通过亲身体验沟通、合作的过程，了解沟通交流和团队合作的重要性，从而培养大家准确、清晰地表达自己的观点及态度，认真聆听、理解他人的观点和有效进行团队合作的能力。

通过开设的“魔法课堂”中“心有灵犀”“他们谁错了?”“神秘的信”“我的这一家”等课程，给孩子们分别模拟了在学校与同学、与老师，在家里与家人的特定场景，这种源于生活的课堂设计激发了孩子学习的兴趣和热情，让他们在不知不觉间学会了如何有效、清晰地表达自己的意愿与观点，学会了如何聆听他人的观点，学会了如何理解和包容他人的观点，知道存小异求大同；还了解了什么是合作，为什么要进行合作及怎样开展有效的合作，增强了孩子们沟通与合作的信心和能力，为以后的社会交往和团队合作奠定了良好的基础。

三、A－S－K课程的效果

通过A－S－K课程的学习，孩子在与人沟通和团队合作方面有了明显进步，一是能更清楚、明了地表达自己的想法和观点，表述更有条理性和逻辑性；二是能换位思考，用同理心去理解对方，更具有包容心和忍让度，如在学校因不文明用语而产生矛盾，学会了换位思考理解对方；三是能通过沟通与协商，用有效的方法去解决冲突与矛盾，如在学校因身体碰撞而产生矛盾，学会了要冷静处理；四是能更有责任心，能担负自己应该承担的责任，如在家里能自己合理安排时间，完成自己的事情，并主动承担自己能力范围内的家务。

四、对A－S－K课程的反思

以孩子核心素养要求为核心开设的A－S－K课程，从孩子个人适应未来社会生活的目标出发，以促进孩子全面发展为最终目标，从态度、技能和知识三个维度进行进阶式培养，是对传统课程的有效补充。

A－S－K课程的教育重心从单一的“教学内容”转向既包括教学内容，又规定孩子应具备的核心能力的“学生学习结果”；从过去的重视学科内容、教学过程的课程标准，转向重视孩子核心素养的培养和核心能力的塑造。通过寓教于学的A－S－K课程，培养孩子们除知识、技能以外更多的能力和素质，让孩子们更好地适应未来社会的发展变化，并为终身学习、终身发展打下良好的基础。

（赵彦静）

让“魔法学堂”的魔力之光闪耀语文课堂

认知发展能力评估是基于著名心理学家斯滕伯格智力三元论中的智力成分亚理论。认知能力的发展，在很大程度上受注意力和创新能力发展的影响。小学阶段，特别是一年级阶段是培养学生学习习惯和各种生活习惯的关键期，如何养成良好的学习习惯关键在于培养良好的注意力和创新能力。为了帮助一年级新生养成良好的学习习惯，培养优良的注意力和提高孩子们的创新能力，我校引进了 A－S－K 项目，课程名称为“魔法学堂”，其中的注意力模块重在培养孩子们优良的注意力和创新能力。

一、对 A－S－K Pre 注意力课程的认识

A－S－K 课程是针对九年义务教育进行整体设计，核心素养贯穿学校课程体系，通过 Pre 课程，学科攻关课程、融通课程，从态度、技能和知识三个维度进行进阶式培养，为学生终身学习、终身发展和适应未来奠定基础。本文主要针对 A－S－K Pre 注意力模块部分的实施分析对学生注意力培养的影响。A－S－K Pre 注意力模块的课程主要以“魔法学堂”的形式进行。

“魔法学堂”主要采用情境游戏和活动相结合的方式推进课堂，“认识新朋友”“抓迷藏”“不一样的多莉”和“汉克的伪装”，这前 4 篇课文主要是引导学生认真观察，明确每个海洋生物形象的特点，寻找不同点，目的是培养学生的观察能力、学习观察的方法。后面所呈现的游戏和活动任务，不仅需要学生认真观察，发现不同，而且还需要稳定的注意力。如“汉克的七条触腕”“慢慢回家路”“多莉的管

友”“在路上的物品”等几篇课文。

二、A－S－K 注意力课程实践与效果

“魔法”二字是一个古老而永远让人类为之着迷的词语，特别是对刚进入小学一年级的孩子来说，更是充满神秘且能引起他们极大的兴趣。当我带着神秘的引导语开启“魔法学堂”课程的时候，我看到了一双双好奇和探究的眼睛。众所周知，小学阶段，特别是小学低阶段是培养孩子学习习惯的关键期，学习习惯的养成关系着学生十几年学习生涯的学习效果。如何能在小学刚入学阶段抓住孩子的学习兴趣、培养学生良好的注意力，是我一直在思考和探究的问题。当看到孩子们在“魔法学堂”课程上的表现时，我仿佛找到了答案。

（一）“魔法学堂”教学实践

在“魔法课堂”上我充分利用各种资源调动学生的兴趣和探究欲，并认真观察每一个学生在语文课上和“魔法学堂”课上的不同表现。

在“魔法学堂”4 个课时的教学中我发现，在语文课上注意力集中的孩子，总能准确、快速地完成任务，而在语文课上经常走神儿的几个孩子，前面的两个课时，孩子走神儿现象依旧存在，但走神儿时间明显少于语文课。后面的两个课时，这几个走神儿的孩子完成任务的速度和稳定性有了明显的上升。例如，班里有几个走神儿很严重的孩子，无论是上课还是下课，总是沉浸在自己的世界里，有时候同学跟老师喊好几遍都喊不回来。在“魔法课堂”上我重点关注了这几个孩子，他们前期完成任务的准确性低、速度慢，但是后期他们的准确性和速度竟然优于班里 50% 的学生，这样的结果让我兴奋不已。难道“魔法学堂”真的有魔法吗？

（二）让魔力之光闪耀语文课堂

通过对 8 个课时的“魔法课堂”上学生行为表现的观察，并课下观察学生们对这门课程的喜爱度，我发现：孩子们对这门课程的喜爱度远远超过其他课程。作为一名语文教师我一直在思考这样一个问题：

如何让我的语文课也上成“魔法学堂”？笔者认为我们的语文课也可以借鉴“魔法学堂”的形式，在注重知识与能力，过程与方法，情感态度和价值观培养的同时，将我们的课堂变得神奇而有趣。

为了让“魔法学堂”的魔力之光在语文课堂上发挥作用，我试着把“魔法学堂”的课程设置思路运用到平时的语文教学设计中，我发现“魔法课堂”所强调的重视观察的思想跟我们语文教学中生字教学有异曲同工之处。“魔法课堂”注意力模块的情境设置和游戏活动所培养的观察能力可以引入我们的生字教学中。在学习每一课的生字时，我尝试利用情境设置的方式，将生字设计在闯关游戏中，引导学生发现每个生字的特点，在发现中总结规律。例如，在“语文园地四”识字加油站环节，我进行了如下设计：

第一，情境激趣。师：你们还记得我们在“魔法学堂”上认识的那些好朋友吗？（学生兴趣被激起，兴致勃勃地回答着他们所认识的海洋朋友的名字。）出示海洋生物图片，海洋里那么多的生物，你们却一眼就能认出他们，哪位同学能跟大家分享一下怎么能一眼就认出那些好朋友的诀窍（同学分享）。今天，我们也用你们认识海洋朋友的方法，认识一些生字朋友（出示识字加油站词语）。

第二，活动要求。活动要求包括：（1）认真观察所有词语；（2）小组交流观察发现；（3）小组汇报。学生汇报结果：（1）这些生字每两个一组，待在一个像眼镜的图形里面；（2）每一组词语之间，它们的意思正好是相反的。教师引导：像上面意思相反的一组词语，它们的名字叫“反义词”。“反义词”极度大搜寻要求：（1）小组讨论交流，积累反义词。（2）小组汇报比赛。（3）哪一小组说出的反义词数量最多，哪一组获胜；奖励规则：获胜小组每人获得一枚小奖卡。

识字加油站的教学设计参考了“魔法学堂”中在情境和游戏中获得知识的方法，极大地激发了学生的识字兴趣，吸引了学生的注意力，促进了语文课堂教学的效果。

在语文阅读教学中，我试着引导学生用“飞越喷泉”游戏的方式提出问题—分析问题—解决问题，用“飞越喷泉”游戏的成功体验帮助那些畏惧阅读理解的孩子克服心理障碍，让孩子们爱上阅读，爱上语文课。

三、经验与反思

“魔法学堂”之所以有助于培养学生的注意力，主要原因如下：

第一，“魔法学堂”的内容设置符合学生的认知发展水平。该课程由学生们喜闻乐见的动画片导入，将动画片中的人物形象渗透到学生的学习生活中，让学生感受到它们就和自己一样，拥有同样的快乐和烦恼。

第二，该课程的内容设置具有极强的趣味性，易激起学生的好奇心和求知欲。该课程通过动画片和游戏大闯关的形式，引导学生逐一完成任务，让学生感觉自己不是在学习而是在和动画片中的好朋友一起快乐地玩游戏，让孩子在轻松愉快的情境中发现问题、寻找答案、解决问题，这种形式不仅有利于激发学生的学习兴趣，也有利于培养学生的专注力。

第三，该课程对培养学生的注意力起到的最关键作用是：通过引导教会学生如何在发现问题、思考问题中寻找解决问题的方法。如：第一课时的“认识新朋友”环节，目的是通过引导学生发现不同动物的特点，掌握闯关游戏的方法，即寻找不同或相同。培养了学生静下心来专注于一件事情的能力，即通过游戏培养了学生的专注力。在注意力模块的教学过程中，我注意到在游戏闯关过程中，学生为了闯关成功，都必须静下心来，在要解决的问题上集中精神。同时，我发现学生在掌握了解决问题的方法后，后面的闯关速度明显快于之前在探索阶段的速度。

第四，该课程在闯关游戏设置方面，遵循先易后难、先简后繁的认知规律。在开始阶段设置简单的游戏。比如，第一课是“认识新朋友”，引导学生发现每个新朋友的特点，这一任务对学生来说比较容易，但是随着学习内容的深入，闯关游戏的设置越来越复杂。闯关游戏的设置遵循了先易后难、先简后繁的认知规律。这样设置的目的主要有两点：一是开始游戏设置得比较简单，可以增强学生的自我效能感，让其体验成功的喜悦，增强完成闯关游戏的信心；二是激发学生的好奇心和征服欲，如果游戏太简单会降低学生的兴趣，而不愿继续下去。

在今后的语文教学中，“魔法学堂”的魔力除了用在生字教学中外，还会用在课文教学中。课文教学除了需要学生具备良好的观察能力外，还需要学生有稳定的注意力。“飞越喷泉”游戏为我们语文课文阅读教学提供了很好的借鉴。课文阅读教学中，需要学生具有较高的分析问题和提炼信息的能力。“飞越喷泉”游戏中，尼莫和马林被困在了生物研究所的喷泉池里，要想成功帮助它们逃出去，学生首先要分析在复杂的水花中找出正确的逃生路线。正确的逃生路线如何寻找，在认真观察水花后学生发现，相同的水花连成的线就是正确的逃生路径。在发现这一规律后，如何找出所有完全相同的水花是学生需要面对的第二个难题，这里需要学生具有良好的观察力和注意力，只要把所有相同的水花连成了线，就能帮助尼莫、马林成功地逃出去。

（卢明文）

运用 A－S－K 课程理念培养学生的课堂注意力

一、对 A－S－K 课程的认识

作为经常接触一年级学生的数学老师，第一次接触魔法学堂时，深深被吸引。因为注意力模块是由一个个闯关游戏组成，本身就吸引学生；而注意力模块不就是要学生认真听讲吗？我想要让学生认真地做游戏，应该不难呀！

随着课程的推进，我逐渐认识到：注意力是一种心理活动，能保证我们更清楚、更完善地认识事物。对学生而言，注意力的好坏直接影响学习效果的好坏。于是，我尝试借助 A－S－K 课程带给我的转变，调整我们的数学课堂。

二、在数学课堂上的尝试及效果

（一）巧用课前三分钟，抓住学生注意力

在上课之初，学生的注意力经常还停留在上一堂课或课间活动的有趣对象上。怎样才能让学生的注意力回到课堂呢？这就需要巧用课前三分钟。教师们经常采用生动、活泼的形式导入新课，吸引学生的注意力。虽然在一定程度上，能够吸引学生，但大多引起的是无意注意，慢慢地新颖变成了平常，有趣变成无趣，学生们对教师的门路摸清了，也就不太容易集中注意力了。

结合 A－S－K 项目的学习和学校常规的一日培养，我将“童蒙养正 立规成范”的韵化儿歌引入课堂，每天一上课，利用集体背诵“上课了，快坐好，身坐正，看前方……认真听，用心想”帮助学生整理

自己的精神状态，提示学生们把注意力集中在课堂上，这种有意注意的持续时间往往会长于无意注意。而且，随着日积月累，学生摸清门路了，也就养成好习惯了。

同时，我还结合学科特点，利用口算、听算等方式使学生做好课前三分钟的注意力集中。以前，口算和听算是结合教学内容需要安排的；现在，关注到学生注意力培养后，我深深体会到听算符合注意力培养所要求的听觉、视觉、触觉等多方面感官要求。于是，我们坚持数学课前先听算，由于听算时不出示算式，学生必须集中精力认真听，才能保证计算结果的正确性。这样学生的注意力就会有意识地集中起来，学生思维处于高度紧张状态，可以锻炼学生思维的敏捷性和心理素质，为接下来整节课的学习打好基础。

（二）精心设计教学，保持学生注意力

在课堂教学中，学生的注意力是保证听好课的首要条件。40 分钟时间很宝贵，在有限的时间里充分抓住孩子的注意力，提高课堂的教学效果就显得尤为重要。结合 A－S－K 项目的注意力课程，我力争在数学课堂上做到以下几点。

首先，充分考虑学生的年龄特点，调整教学内容。虽说数学课程的内容是教材规定的，但教师可以在一定程度上，结合学生的特点调整教学。比如，一般刚开学时，学生们的注意力难集中，持续时间也不长，这时我们会调整教学内容从“第二单元 ”计算的相关知识学起，先让学生们注意力稳下来；又如，一年级学生的注意力持续时间不长，我们会在每节数学课中间偏后的环节，设计课中操，学生们适当放松后才能够更好地集中注意力。此外，结合一年级学生的心理特点，我们在设计教学时会在保持知识连贯的同时，注意合理调整难度。长时间进行过难过易的学习内容，都不利于学生注意力的保持。

其次，结合生动、形象、富有感染力的口头语言和丰富变化、指引性强的肢体动作吸引学生注意力。一年级学生的注意发展中，无意注意仍起重要作用。所以教师抑扬顿挫的语气、生动夸张的肢体动作，能在很大程度上引起学生的注意。在学习认识钟表时，教师用手臂当表针，分别表示3:00、6:00、12:00等，这样的动作既有效吸引了学生的注意力，又巩固了数学知识。在学习位置时，肢体语言的魅力就更为明显了。不仅教师动起来，学生们随着教师指令动起来，既放松又需要注意力集中，同时反馈了学习效果。课堂上教师富有感染力的口头语言更是保持学生注意力的法宝之一。除了借助教师语言魅力吸引学生注意力，还可以借助其他方式整顿课堂和保持学生注意力。例如，师说“1、2、3”，生答“请安静”；师说“小眼睛”，生答“看老师（黑板）”；等等。

最后，引入多媒体技术或直观、生动、形象的游戏调动学生的学习兴趣，提高学习的主动性，提升注意力品质。一年级学生刚刚进入小学。幼儿园对注意力的要求低于小学，经常采用玩中学的方式。进入小学以后，书本上的数学知识相对严肃和抽象。从儿童学习心理发展来看，直观形象的思维方式与抽象的数学知识之间形成了一对矛盾。这一矛盾也影响学生课堂上注意力的集中。于是我们会利用先进的多媒体技术为学生呈现出直观、形象的学习素材，同时利用操作、游戏、比赛等活动调动学生学习兴趣，提高学习主动性。本学期我们的数学课堂还与“乔老师讲绘本”的广播节目结合，利用数学绘本的融入，使抽象的数学生动化、形象化、直观化，帮助学生尽快适应小学阶段的数学学习，提升注意力品质。

（三）活用教材练习，增强学生注意力

数学课离不开练习，以前的练习我们侧重对所学知识的复习巩固。比如，数学书上常见的口算练习，我们常以做口算的方式完成。接触课程建议后，我们在课上借助夺红旗的情境，以男女生分组或左右分组形式进行比赛。这样的方式看似可能会稍多地占用时间，但由于充分调动了学生的注意力，从而能够提高课堂实效，孩子们做口算题的兴趣和准确性明显提高。

书上的口算练习除了可以赋予不同的游戏情境外，了解学生注意力相关理论后，我调整了学生做口算的节奏。比如，上面的练习共16道题目，以往我们都是让学生一口气做完，比比谁做得都对，谁做得快。现在，我了解低年级学生注意力稳定性不高，所以在练习时，我们带着学生一列一列完成。刚开始，做完一列我们说需要注意的题目，再进行后一列。慢慢地，学生熟悉了这样的过程，我会要求学生自己做题时也尽量做完一列歇一歇、查一查。当本学期进行50道题口算单项测试时，学生用做完一列歇一歇的方式，与以前同龄孩子一口气完成50题的方式相比，时间上没有超时，但准确性有了大大提高，全对的人数翻一番。

按顺序连线的题目往往是学生们喜欢的内容，而我们一般把它作为数数的一个小练习。学生们没玩够，教师们觉得挺耽误时间。现在，接触了注意力课程，我发现其实按顺序连线是很常见的训练注意力的方式。于是课堂上，我们除了完成书上练习外，还给学生准备了更有难度的小练习。这样既能满足学生的需要，又能达到注意力训练的目的，一举多得。

（四）关注不同学生群体，分层培养学生注意力

一堂课40分钟要想让学生全神贯注地听讲确实不易，就算是好同学也很难做到。结合测试报告中的建议，我对不同层次的同学采用不同的方法。

对于注意力水平较高的学生，可以树立为学生们的榜样，一方面督促其进一步提高注意力，另一方面带领其他学生集中自身注意力，使整个班级保持良好的学习状态。同时，关注这类学生帮助其进一步提高注意力。他们往往有相对较强的注意力稳定性，而通过数学学习力争提升其注意力广度和分配方面。

对于注意力水平较低的学生，关注就要更多一些。因为注意力不集中的孩子往往学习上也是困难重重。就像测试报告建议的：教师在课堂上要经常与他互动，当他注意力不集中时要选择恰当的方式提醒等。我起初是在课前与学生商量好，每节课认真听讲，举手三次，尽量叫他来回答问题；后来发现该生一旦完成了任务，就容易走神儿。于是课前会和学生商量好，每节课会在他不举手的情况下叫他回答问题，这样该生课上注意力集中的时间越来越长。当然，这个过程中会

不断地利用及时评价、表扬奖励的方式促使他坚持。

三、总结与反思

参与A－S－K项目注意力模块后，数学教学已经有了一些尝试与探索。这些尝试有的当堂课上就已经有了效果，有的可能需要长期循序渐进，才能看出效果。我们数学课堂上对学生注意力的培养不仅仅是提高做题水平，更是关注学生课堂的状态。可以说，本学期的一些尝试多是经验积累的思考。今后在研究层面上，关注教师有了以上尝试后，对学生行为、态度方面有哪些改善。同时，进一步的理论学习是实践的基础。总之，培养一年级学生的注意力对于提高课堂教学效率来说至关重要，任重道远。

（杨　扬）

合理丰富教学手段　稳定学生注意力

教育专家调查研究，大部分孩子智商水平相差不大，只有极少数的孩子智商极高，也只有极少数的孩子智商极低。那为何这大部分孩子的成绩会相差那么大呢？最主要的原因之一就是注意力。

“注意”，是一个古老而又永恒的话题。注意力是指人的心理活动指向和集中于某种事物的能力。俄罗斯教育家乌申斯基曾精辟地指出：“注意是我们心灵的唯一门户，意识中的一切，必然都要经过它才能进来。”

一、对 A－S－K Pre 的认识

本次 A－S－K Pre 注意力模块课程，是专门针对注意力加以训练与培养的课程。课程着力加强孩子们注意的稳定性、注意的广度、注意的转移，以及注意的分配训练。希望能帮助孩子们未来的学习更高效，获得发展上的更大可能。

课程围绕着《海底总动员 2》的电影情节展开，设置了各式各样的有趣且有效的训练题。对于一年级的孩子们来说，课上的专注度有了明显提高，孩子们每周都期待着“魔法学堂”的到来。

二、A－S－K Pre 课程的学科迁移

如此高的热情，如此明显的变化，这是为什么呢？无疑是因为我们运用了丰富多样且有趣的教学手段。这样的游戏式课堂，谁不喜欢呢？如果能让 A－S－K Pre 课程的理念与方法进行学科迁移，把快乐高效的课堂引入我们平时的教学活动中，那一定是事半功倍的事情。

面对刚刚入学的一年级小学生来说，拼音是小学教学的第一道难关。也是小学语文教学中最枯燥乏味的内容之一。从儿童的心理看，

一年级新生正处于从幼儿向儿童发展的过渡时期。处于这一时期的儿童理解能力差，记忆全靠死记硬背，他们擅长记忆形象、具体的材料。依据一年级新生的认知特点，我在拼音教学中受 A－S－K Pre 课程的启发，重点开发教学的直观性、趣味性、互动性，大量采用丰富多样的教学手段，营造愉快、宽松、和谐的课堂气氛，以达到调动学生学习兴趣的目的，提高学生的注意力。让儿童在不拘一格的学习方式中积极愉快地渡过小学学习的第一道难关。

以下，是我在课堂中迁移运用的一些具体方法。

第一，直观的图片教学。主要用于第一课时学习新声母、新韵母或整体认读音节。把与新授拼音相对应的图片，放大展示在实物投影下或课件中，让学生从图片中寻找新授字母，用字母与图片进行直观对比，间接从生活中找出这些字母的影子，加深印象，易于理解。

第二，丰富的活动课件。把拼读过程以活动的形式展示出来。让死的书本“动”起来，寓教于乐以达到激发学生学习兴趣的目的。例 1：在教 b－a→ba 时，由于这是第一次接触声韵相拼，是重难点。我在 PPT 中将 b 和 a 变成了能移动的动画形式，拼读时将 b 和 a 移在一起，这样的设计虽然简单，却大大增加了学生的理解力，简明清晰。例 2：在教 j、q、x 与 ü 相拼时，去掉两点的规则是一个学生最难牢固掌握的内容之一。这个规则的讲解我用“故事＋PPT”的形式来叙述。小 ü 是学生，j、q、x 是老师，学生见老师要脱帽行礼。此时，课件中把小 ü 变成一个小学生的样子，戴一顶有两个小绒球的帽子，j、q、x 画成老师的模样。教师可以一边讲故事，一边操作 PPT。这样，学生既可以听，又可以看，很容易就把小 ü 的去点规则记住了。学习后，教师再适时地把儿歌念出来——“小 ü 小 ü 有礼貌，见了 j、q、x 就摘帽”。这样，学生就会进一步地牢记这个规则了。例 3：为了训练学生的直呼两拼音节的速度，我还运用多媒体课件制作了一个“快乐大转盘”，就像转盘抽奖一样。转盘中放一个声母，外围放置一圈韵母，点击开始后，外圈韵母不停地闪动，最终会落在一个字母上，学生们快速拼读即可。这是孩子们最喜欢的活动之一。

第三，积极动手练习。动手练习的形式很多，有动笔的，有模仿老师动作的，有摆放学具的，等等。动手练习不仅可以巩固学生的拼音知识，更可以训练学生的反应速度和动手能力，甚至是合作能力，是一项十分实用有效的综合性教学手段。例如，摆学具这一教学手段在数学教学中运用得很多，在语文教学中就很少了，不过它十分适合拼音教学。前面我介绍的“快乐大转盘”是教师制作的课件，出示拼音，学生拼读。此活动可以改为教师发音，学生用拼音卡片来摆出相对应的音节。在进行摆放练习时，可以同时开展各种各样的比赛。又如，拼音字母的字形很适合用手指摆出。在学习的过程中，让孩子们利用自己的双手摆出课上所学的字母。笔画多的字母同桌、同学间还可以互动合作。

第四，巧妙的儿歌助记。儿歌由于其朗朗上口、通俗易懂的特点受到了学生的喜爱。在教学中，我们紧紧抓住这一特点，把大量的儿歌引入课堂，使儿歌成为提高汉语拼音教学效果的一条有效途径。例如，在学习 a、o、e 时，教学生朗读儿歌：“嘴巴张大 a、a、a，嘴巴圆圆 o、o、o，嘴巴扁扁 e、e、e。”学生边唱边记住了 a、o、e 的发音。还有之前提到的 j、q、x 与 ü 相拼时脱帽规则的小儿歌等。孩子们还可以根据儿歌内容演一演，大大提高了学习效率与趣味性。

三、语文学科迁移效果

受 A－S－K Pre 注意力模块课程的启发，我将其课程的直观性、趣味性、互动性的特点植入了语文教学活动中，效果很好。

拼音教学是语文教学中最枯燥乏味且抽象的部分，单凭教师的叙述，学生无法清晰地理解。尤其是对于低龄的学生来说，他们的观察水平很低，概括能力较差，常常只能概括出事物直观的、外部的特征或属性，以形象记忆为主，多属于无意识记忆、机械记忆。

（一）可视、可听、可感

在安排教学内容时，我充分利用图片教学、动态课件吸引学生注意力，把他们的有意记忆和无意记忆结合起来。图片教学与动态课件的直观性、趣味性让学生迅速进入学习状态，可视、可听、可感的课堂能够充分调动学生的积极性，把难以理解的内容用多媒体形式表现出来，启发学生自主思考、探究解决问题的方法，化静为动的课堂气氛，形象直观地释疑解难，保持住了学生的兴奋点，寓学于乐，使其在愉悦中完成学习任务。

（二）可动、可思、可议

好动是每个孩子的天性，而实践恰恰是能力的源泉，也是思维的起点，抓住学生的好动性，巧妙地运用动手练习，可以让课堂变得可动、可思、可议。学生们在动手间活跃了思维，激发了学生主动探索的意向，培养了学生主动探索的积极性，发展了学生探索的兴趣，同时也满足了学生们探索成功的成就感。在反复动手后，学生们深浅不同的正确记忆都会进一步加深。

（三）可读、可记、可演

儿歌是孩子们从小听到大的最为熟悉的学习形式，儿歌内容虽然简单，但是易于理解，语言的节奏美使学生朗朗上口，孩子们还可以根据儿歌的内容加上自己的动作，通过这样的形式可以让学生轻松记忆其中蕴含的知识点。可读、可记、可演的儿歌形式再次抓住学生的注意力与兴奋点。

A－S－K Pre 注意力模块课程中提供的教学参考，符合一年级学生的心理特点，在学科迁移过程中能充分稳定住孩子们的注意力，使他们快快乐乐地学，轻轻松松地记，深受学生欢迎。

四、总结与反思

我们都知道，当兴奋不足的时候，我们的大脑会感到困顿并且易走神儿。在实践中，我还发现，当兴奋过度的时候，大脑也会产生焦虑和无序，孩子们的情绪同样难以稳定，思维停留在那些有趣的画面中，无法回到知识本身。如何让学生的兴奋度恰到好处呢？这是我要思考的问题。

所以，课件的设计和制作要结构清晰，以提高教学效果为根本目标，不能过分追求技术表现和花哨的形式。片面追求知识的传授密度，反而使学生学习囫囵吞枣；频繁多变的画面、大量的文字堆砌，使学生眼花缭乱、身心疲惫反而会分散学生的注意力。

多媒体的运用必须适时、适度、适当。适时，就是媒体的运用要选择最有利于学生思考和难点突破的最佳时机；适度，就是媒体当用则用、不用则弃，多媒体设计要凸显教学要点；适当，就是媒体的使用恰到好处，知识的容量要适宜，屏幕的切换要适中，媒体的运用要符合学生的认知规律，以培养学生的思维能力为标准。

对于低年级学生来说，直观形象、生动有趣的事物对学生更具吸引力，多媒体技术不仅具有无法比拟的优势，而且可以与板书、图片、课件、游戏、比赛等相结合。根据学生特点，灵活选择多种教学方法，并选择恰当的时机进行运用，提高注意力的指向性与稳定性。

（汪　卉）

一年级学生语文学习中训练注意力的方法研究

一、对 A－S－K 的认识

小学一年级是小学生学习习惯养成和学习能力发展的一个关键时期。注意力作为五大学习力之一，是一年级学生有效学习的重要基础。注意力是指人的心理活动指向和集中于某种事物的能力。它是一种心理活动，不等同于认真听讲。

注意力方面存在问题，通常会出现上课坐不住、小动作太多、常丢三落四，或者总是听不见老师和家长讲话的内容等现象，同时这些儿童往往在观察、记忆、思维、认知、情感表达等活动中也会表现不佳。注意力对青少年儿童正常的学习、生活和人际交往有直接影响，良好的注意力水平可以使青少年儿童高效获取有用信息，从而更好地进行各项活动。因此，如何让学生拥有高品质的注意力是教育专家的重要任务。

而注意力又包括被动注意和主动注意，我们课上培养的是主动注意。主要提升以下四个方面。稳定性：一个人在一定时间内，比较稳定地把注意力集中于某一特定对象的活动的能力。广度：注意的范围，指人们对于所注意的事物在短暂时间内所能清楚察觉或认识的对象的数量。分配性：一个人在进行多种活动时，能够把注意力平均分配于活动当中。转移性：一个人能主动、有目的地将注意力从一个对象或活动调整到另一个对象或活动。

因此，我认为，一年级开展有针对性的注意力提升训练，对同学们提升学习能力和培养良好的学习习惯十分重要。但注意力的训练，是锻炼学习本身的能力，而不同于数学或语文等具体学科的学习，它不直接对任何一门具体学科的成绩有直接影响，却又是学好所有学科的一项必备能力，因此必须要建立科学的评估机制，考察系统注意力训练的有效性。

二、A－S－K Pre 注意力实践与效果

（一）训练前的准备（前测）

训练之前，为了摸清孩子们专注力的真实情况，进行了前测。在没有接受任何专注力训练的情况下，让同学们进行了 A－S－K 系统问卷调查。经过统计，在没有接受任何专注力训练的情况下，一年级四班的 A－S－K 系统平均成绩为 68.91 分。且有 5 个同学测试平均成绩在 40 分上下。显示出较为严重的注意力不足问题。

（二）训练的实施

第一，结合北京教科院给予的 A－S－K 成套教材，对学生给予注意力提升方面的培训。主要针对同学们提升专注力，进行视觉训练。视觉训练主要分为三个方面的内容予以实施。一是要求学生集中注意力在情境中寻找目标人物，在一张图画中找到指定的人物或者物品。二是比一比，找不同，在类似的图片中找到不同之处。三是推理判断，通过已知的细节、事实等，来进行合理的想象。课程通过以学生喜欢的游戏方式进行专注力训练，激发学生兴趣，调动其积极性。在活动中，学生始终保持着高度的专注性、好奇心探索答案，专注在参与的项目中，注意力的稳定性、广度、分配性和转移性都得到了不同的提升。

第二，诵读促专注。开学伊始，我校开展经典诵读活动。中华经典诗文是古代圣贤思想、智慧的结晶，是我们民族文化的瑰宝。经典诗文朗朗上口，含意深刻，但是对于学生来说，书中大部分的汉字没有学过，字面意思不连贯，等等。这一系列难度决定学生学习时必须依靠专注才能学会，而这一套训练可以提高学生的专注力。根据学生情况，我校开展“1、3、3、7”方法进行诵读：“1”，诵读课设在星期一上，并在课上学习本周要诵读的内容。“3”，在星期一的诵读课上老师带读、学生跟读 3 遍，内容为声律启蒙、唐诗、千字文。

“3”，每天晨读15分钟，学生大声指读3遍。“7”，一周读7天。

学生通过进行听读、跟读、指读3种方式进行诵读。听读是听老师诵读，这种诵读方式不仅具有记忆的效果，而且兼具复习的效用，孩子在“用耳朵听”的过程中，训练了主动的注意力，提高注意的稳定性。跟读通过同学的眼睛、舌头、耳朵、大脑密切运转、合作，能极大提升同学注意力的广度与分配性。指读是让孩子们用手指跟随阅读，眼、手、口的紧密配合，一边读一边指的过程中学生识字量得到提高。在诵读中，儿童的眼、口、耳、脑等多种器官同时活动，紧密协作，是一个复合的感知过程。在朗读中要连续读一段或一篇文章，并努力做到发音准确、吐字清晰，不添字漏字，不断读、不串行，这需要聚精会神，全部精力都要指向和集中于朗读内容。为保持学生持久的兴趣，我班还以多种形式反复诵读，如全班读、个人读、快速读、慢速读、对子读等方式，在兴致盎然中训练注意力的提高。

第三，生字书写促专注。汉字是一种形体优美的文字，书写时讲究结构、笔势和神韵。实践证明，写字是一项十分精细的活动，要求写字者必须神情专注、注意力集中。写生字很容易，但写好生字很难。因为学生刚入学不久，对于字形、结构都是刚刚掌握，没有掌握观察方法、手眼配合不好等问题，其实这背后还是注意力不稳定、分配不好的问题。本学期，我通过多途径、多层面的训练来提高注意力的稳定性、分配性。训练方法是：练眼、练手、练配合。“三看”练眼力：在写生字前，我会教给学生观察生字的方法，一看结构、横竖中线上的关键笔画等，二看老师范写，三看同学评议。通过这三个环节，训练学生用眼睛寻找、定位、比较以学会观察。再通过发言、评议等方式得到反馈。

练手促持久：汉字中的一笔一画都需要学生写字时要心无旁骛，笔无虚发，把所有神情都凝聚于笔端。每一画都要写到位，这对于刚开始训练注意力的孩子来说，尤为难得，他们要耐下心来，“稳”坐写字，在这一过程中延长注意力持续时间。

手、眼促专心：经常看到有的学生观察到位却写不出来，有的学生写的笔画美丽却结构不对，这都是手、眼没有协作好的结果。在写字中，我会要求学生眼睛要一直看着笔尖，笔尖留到哪里，目光就追随到哪里，只要一走神儿，笔下的汉字就会诚实地记载下来。而我校的生字作业要求是摹写范字，直至一模一样，所以学生要持续、专注地完成作业，直至全部过关，这就是手、眼配合训练的方法。

练心育“细心”：用心细密。即写字时要一丝不苟，把整个身心都倾注到一笔一画中。

在眼、脑、手的配合下，学生眼到、心到、手到，看范字、摹写、临写、修改等任何一个环节，都在锻炼注意力，延长注意力时间。在教学过程中，强化写生字的过程，日积月累、循序渐进，有利于培养学生注意力。强化慢工出细活，培养学生的有意注意。通过对学生们写生字的训练，能有效提升学生的专注力。

经过长达4个月的训练，在A－S－K训练后测试中，一年级四班的学生，平均分从68.91分提升到了73.2分。平均每人提升了4.29分，训练效果十分明显。特别是40分以下的学生，从5个人减少为2个人。学生的学习状态更加稳定，能够用更长时间看书学习，不浮躁，也能用更短时间将生字写得又快又好。学习效率得到了提高。

三、经验与反思

通过这4个月的训练，我感受到学生在注意力各方面迅速地、稳定地提升，使学习效果有显著的改善。注意力的培养对学生学习至关重要，特别是低年级学生注意力的培养训练对学习至关重要。如何让注意力的训练更加适合课堂，更加适合各学科，还有待进一步的研究探讨与实践。“学困生”与“注意力”分散的关系是接下来我将研究的重点。

（徐　卓）

关于提升一年级学生语文课堂注意力的反思

——基于史家小学 A－S－K 课程的实施

一、史家小学 A－S－K 注意力模块的认识

A－S－K 课程率先在史家小学一年级部实施，课程分为注意力模块、自信与适应力模块两个部分。基于 A－S－K 课程理念，注意力模块属于 A－S－K Pre 课程中的 S 类课程，是通过对新生注意力的稳定性和广度进行专门训练，逐步提高学生的注意力水平。

乌申斯基把注意形象地比喻为心灵的“门户”、智慧的“天窗”，而知识就像阳光一样从这里照进来。有的学生的学习成绩差，并不意味着他的智力水平有缺陷或比其他同学差，而是自身的学习适应性不良或注意品质缺乏。一年级是学生注意力培养的关键时期。提升学生的注意力水平，有助于提高学生学习成绩，养成良好的学习习惯。培养一年级学生的注意力，教师需要通过对学生了解，掌握适合低年级学生的教学方法和技巧，因材施教，逐步引导学生养成良好的学习习惯。

二、A－S－K 课程注意力模块的实践与效果

一年级学生所特有的年龄特点，是其无意注意力占主要地位，并以形象思维为主导。A－S－K 课程在教学中按照“认识新朋友—找找他在哪儿—帮帮多莉吧—看谁最聪明”的顺序授课。通过每堂课设置的闯关游戏，提升学生注意力的广度和稳定性。

在课堂中运用直观、生动、形象的图片配合教学，不仅能够吸引

学生的注意力，而且能够提升学生的学习兴趣。因此 A－S－K 课程在教学中通过动画片主人公多莉和它的朋友之间的故事展开。故事中可爱、生动的海洋动物符合低年级学生的认知能力特点，大部分孩子在课堂中都能够保持积极的兴趣，全程投入课堂学习中来。

一年级学生注意力持续时间较短，教师在课堂中需要采取灵活多变的教学方法吸引学生，使原本枯燥的课堂教学趣味化，运用生动的教学方法提升学生的学习兴趣。一年级学生喜欢游戏，也乐于在游戏中学习、接受新知识。因此，将教学与趣味游戏相结合是提升学生注意力的有效方法之一。A－S－K 注意力课程教学中，设置了很多闯关类游戏。学生通过走迷宫、找不同，依次闯关，运用看、圈、画等方式，完成书上题目，通过闯关难度的升级提高认知能力，也提升了注意力的转移能力。

此外，在教学 A－S－K 注意力课程的闯关游戏时，每一次的闯关都必须在规定时间内完成任务，目的是培养学生注意力的广度及深度。相关研究表明，一年级学生对新鲜事物的注意力保持大约为 15 分钟，对抽象知识的学习往往没有兴趣，他们更多地对学习过程、学习方法比较感兴趣，因此要求教师在教学中合理把控每个教学环节的教学时间。

在 A－S－K 课程实施期间，北京教科院基教所分别在 2017 年 9 月初与 11 月中旬对史家小学一年级 700 位学生进行了注意力水平的前测与后测。从本班学生的测试分析结果看，前测处于较高水平（得分≥68 分）的学生人数占受测总人数的 66.7%，后测处于较高水平（得分≥68 分）的学生人数占受测总人数的 88.9%。其中，前、后测提升水平较明显的学生 26 人，占受测总人数的 74.28%。由此可见，通过 3 个月的在校学习，本班大部分学生的注意力得到了一定的提升。

三、注意力培养在语文学科中的运用

在 A－S－K 课程实施后，如何迁移运用于语文教学中，提升语文课堂注意力，是我在 A－S－K 课程实施后思考的问题。A－S－K 课程在教学中主要运用了看图、游戏、规定时间等方式来提升学生的注意力。因此，在语文教学中，我也尝试运用了以上几种方法。

（一）语文课堂中的图片教学

结合低年级学生的认知特点，图片教学不仅极易引起学生的学习兴趣，图文结合的方式也能够帮助学生加深理解。在一年级的语文教学中，识字、写字是教学的重点。现有的一年级语文教材，加入了大量优美的课文插图。在教学中，我发现学生非常喜欢观察课文插图，尤其在讲授一年级上册的拼音课文时，每一课的拼音字母都隐藏在课文插图中，这与 A-S-K 课堂中让孩子们“从图上找到多莉的朋友”闯关游戏非常相似。基于此，在讲授新课时，我引导学生观察课文插图，让学生在图上找一找，发现了那些本课要学习的拼音朋友。大部分学生能够快速地找到拼音字母，而且学习兴趣浓厚。

（二）语文课堂中的游戏教学

在 A-S-K 课堂上，每一个教学环节都会设置游戏。在游戏中学习是寓教于乐的方式之一，也符合低年级学生的思维特点。一年级语文课本中很多生字、生词，都是学生第一次接触。只有将枯燥的汉字学习变得生动有趣，才能让学生乐于学习汉字，甚至爱上汉字。这就要求教师在汉字教学中，不能仅仅为讲授汉字知识而教学，还要提升识字教学的趣味性。在教学设计中，将识字游戏融合到字词学习中，如“青蛙过河”“找朋友”“摘苹果”等识字游戏；在课文学习中，采用课本剧等方式让学生乐于参与，有效地引起了学生的有意注意，也极大地提升了学习兴趣。

（三）语文课堂中的时间控制

一年级学生的课堂注意力保持时间是 15~20 分钟，保证学生注意力的稳定性，就需要教师合理地控制好每个教学环节的时间。A-S-K 教学的每个环节都不超过 10 分钟，很好地保证了有限时间内学生注意力的保持。在语文常规教学中，一堂课将覆盖课文讲解、生字书写、复习巩固等几个环节，教师必须合理地安排每个环节所需时间，掌握一定的课堂组织技巧。如给学生规定阅读课文、生字书写或者小组讨论的时间，提升学生的时间意识，让学生在有限的时间内更好地提升注意力。

A－S－K 理念实施下的语文课堂取得了良好的效果。A－S－K 课程注意力模块在语文教学中的迁移运用，使班级大部分学生在语文课堂中的注意力专注度和稳定性都有了一定的提升。相比于以往较为传统、单一的教育模式，其能使学生产生更浓厚的学习兴趣，同时对语文教学的改进也有一定的帮助和启示。

四、教学反思

第一，A－S－K 课程与语文学科融合的经验。史家小学 A－S－K 课程的开展，引起了史家小学教师对于课堂注意力培养的再一次重视。在现有的教学现状下，进一步提升教学能力，合理利用教学资源，才能最大化地提升教学效果。在 A－S－K 课程注意力模块的引导下，将游戏教学、情境教学、合作教学等方式借鉴到语文学科教学中，使语文课堂通过运用图文结合、趣味游戏等方式，促进学生合作学习，积极参与课堂的各个环节，有效提升学生的注意力，提高课堂学习的效率。

第二，A－S－K 理念应用于语文学科教学的反思。针对目前语文教学的现状，其学科内容比较丰富，学习知识、培养能力是课堂的主要任务，教师在教学中也会遇到一些困惑。例如，游戏教学中，如何让学生注重知识所得而不是只关注游戏环节；如何让学生从情境教学的过程中顺利转入下一学习内容；教师在课堂中如何掌控时间；等等。因此，如何在教学中更好地优化资源，合理地分配时间，寓教于乐又不失去语文的学科特点，还需要教师继续深入思考和进一步探索实践。

（张　蕊）

A－S－K课程助力蒙童健康成长

一、对 A－S－K 课程的认识

本学期参加了 A－S－K 课程的实施，通过配套的课程训练，逐渐理解了培养孩子注意力和创新能力的课程目标。注意力是指人的心理活动指向和集中于某种事物的能力。它是一种心理活动，不等同于认真听讲。而注意力又包括被动注意和主动注意，我们课上要培养的是主动注意。

而专注力大小是孩子学习和做事能否成功的关键，对孩子的一生起到至关重要的作用。它是一个人能高度集中于某一件事情的能力，是一项非常重要的心理素质。正所谓“书痴者文必工，艺痴者技必良”，从小训练孩子的专注力可以让孩子一开始就养成集中注意力的习惯。

英国教育家约翰·洛克说：“教师的巨大技巧在于集中与保持学生的注意力。”作为一线语文教师和班主任，我在日常教育教学中，时刻贯穿着对孩子们的注意力的训练和创新能力的培养。在指导孩子读整本书的教学活动中，我进行了一些尝试，现在分享一下我的心得体会。

静心阅读，读后有所收获并能够培养阅读的兴趣，对刚入学、识字不多、生性好动的一年级学生来说难度可想而知，可是又极为重要且势在必行。而专注的阅读是培养阅读兴趣的第一步。

二、A－S－K 课程在阅读能力培养方面的实践与效果

（一）充分利用孩子的好奇心，激发阅读兴趣

一年级的孩子识字甚少，求知欲、好奇心极强，他们喜欢听老师、

家长讲故事。我就每周安排固定时间给孩子们讲绘本故事，一个故事分两次或者三次讲完，孩子们对故事的情节发展充满了好奇，急于想知道故事的结局，在接下来的听故事过程中，注意力非常集中，听得认真仔细。一些识字多的孩子，迫不及待地找来这本书自己阅读，还特别愿意和老师、同学分享读故事的心得。

（二）结合孩子的兴趣，选择阅读类别

一年级孩子喜欢天马行空，他们有着极为丰富的想象力，对童话、神话故事特别感兴趣，因此选择这类画面精美的神话绘本故事来指导学生阅读，使他们在一定时间内，比较稳定地把注意力集中在图书的阅读上。

（三）在游戏中训练孩子的阅读专注力

例如，给学生讲故事的过程中，我会适时停下来进行提问，请孩子们结合故事里的情形来回答，我们把它叫作“我是小侦探”游戏。而每当这个游戏开始了，孩子们听故事就更加专注了。渐渐地，他们能够静下心来听老师讲故事了。又如，“我是小画家”，读完一本神话绘本故事，我会引导孩子们绘制一张读书绘画记录单来表达自己的读书感受。在全班进行展示，请其他同学猜一猜，画上画的是书中的哪一个情节。这个环节极大地激发了孩子们读书的兴趣，画得更认真了，看得也更仔细了，有效地提高了孩子们的注意力。再如，“我是小老师”，班里有些孩子识字很多，有较强的表现欲，我就请他们提前准备好一个神话故事，读给同学们听。讲故事的不再是老师，而是他们的同龄人，专注聆听的同时也激发了他们的阅读兴趣和表达的渴望。

（四）让孩子明确目的，自觉提高阅读专注力

首先，设计了带有评价内容的阅读记录单，结合阅读时的注意力和阅读效果，既有自己的自我评价，又有爸爸妈妈的评价。孩子们阅读之前明确了要对自己的阅读进行哪些方面的评价，渴望被关注、被赞赏的他们在进行阅读活动时，就能够很好地静下心来专注地阅读。其次，教给孩子们简单的批注方法，如画波浪线、简单的表情符号和写文字等。不动笔墨不阅读，孩子们明白了这个阅读要求后，在阅读时就更加专注了。

三、A－S－K 课程在教学中的收获与反思

从课程反馈的前测、后测的数据对比不难看出，孩子们都有不同程度的提升。数值高的孩子恰好就是那些在课堂上积极参与、大胆表达的孩子。说明他们在学习的过程中注意力集中，学习效果显著。而相对数值偏低的孩子，也是我下一阶段注意力训练的重点对象。

A－S－K 课程培养学生注意力的课堂教学活动是深受学生欢迎的，课堂效率提高的效果也是显著的。它不但全面提高了学生的阅读能力、质疑能力、表达能力，促进了学生语文素养的提高，而且也促进了学生各方面的和谐发展。

在 A－S－K 课程的引领下，作为语文教师的我，更加明确了要努力创造适合每个儿童的教育，要充分认识学生的巨大发展潜能和个性差异，努力培养学生积极的学习态度、善于与他人合作的精神以及高度的责任感和道德感，为学生生活质量的提高建立必须具备的条件，给学生奠定终身学习的基础，永远对所有学生负责。在今后的实施过程中，我还会继续探索学习。

（张　滢）

做一名有“魔法”的教师

——运用 A－S－K 课程进行学科迁移

一、对 A－S－K 课程的认识

今年我教一年级和以往不同。因为今年有北京教科院的导师们指导我们工作，帮助我们培养学生的注意力和创新能力，帮助学生顺利完成幼小衔接的过渡。

最开始接触这个课程我确实比较迷茫，不太清楚应该怎么去上这样的课程。但是在听了曹老师和杨老师的引路课后，我的思路也慢慢被打开了，并且我自己也像孩子们一样慢慢爱上了这样的课程。

二、运用 A－S－K 课程进行学科迁移

A－S－K 课程的设置非常符合孩子们的接受水平，同时也非常吸引孩子们。比起传统的课堂，孩子们更喜欢 A－S－K 的课堂模式。所以在进行 A－S－K 课程教学的同时，我也在思考如何将这样的课堂模式融合到平常的教学中，使孩子们更加爱上语文课。

（一）借助 A－S－K 巩固拼音

讲授 A－S－K 课程注意力模块的时间正好处于拼音教学的时期，而且注意力模块中有许多小游戏也可以加以改进成为拼音教学的好助手。所以，在拼音教学时我运用了一些提高孩子们注意力的小游戏，比如找出通关密码，就是让孩子们在散落的拼音字母中找到可以拼成词语或者语句的字母，使之成为通关密码，就可以解救出被困的小动物。孩子们非常喜欢这样的游戏活动，在进行游戏的同时不但提高了孩子对拼音学习的兴趣，而且让孩子在游戏中运用了拼音。

（二）创设多种情境解决问题

另外，帮助小鱼多莉解决问题是A-S-K课程注意力模块的一大特点，这也让我联想到语文学习中的角色表演。角色扮演是一种深受小学低年级学生喜爱的语文学习方式，更是一种在语言实践中学习语言的好方法。它能激发学生的学习兴趣，让学生成为学习的主体，让语文课活跃起来。天真、活泼、好动的儿童有很强的想象力和表现欲，他们也非常喜爱表演课文的活动。因此，在教学中，教师常常会根据课文的内容，请学生演一演，运用角色扮演让学生在表演中体验文本中人物的性格特征。而A-S-K课程正是在角色扮演的基础上让孩子将自己的行为态度注入其他的角色中，让孩子和动画中的形象进行一定的沟通，其实在帮助它们解决问题的过程中也潜移默化地规范了自己的行为。所以，我们在教育孩子养成好习惯时也可以运用角色扮演创设情境的办法引导孩子们发现自己或者其他同学身上的小毛病，然后更好地解决问题。

三、进行迁移的效果

通过讲授A-S-K课程，我发现孩子们拿着A-S-K教材就像拿着游戏书一样，每次上完课孩子们总是爱不释手，有些题目做完一遍还要擦去再做第二遍，可见孩子们对于这种课堂的喜爱。所以，我在思考课上的一些练习也可以将题目和游戏活动有机地结合在一起，使孩子们在有趣的游戏中既学到了知识又提高了注意力。A-S-K课程的教学既启发了我，使我不断思考，也对平常的教学起到了积极的作用。小学是学生学习语文的起始阶段，特别是低年级的学生生活经验不足，活泼好动，注意力集中时间较短，常常觉得学习语文枯燥无味。为了激发他们的学习兴趣，我采用了体验式教学。

四、经验与反思

在对比了孩子们9月初的前测和11月中旬的后测结果后，我发现孩子们通过对A-S-K课程一个多月的学习，在注意力和创新能力上都有了一定程度的提高。下面我也想对测试中反映出的一些情况进行一些简单的反思。

我们的这份评估是基于著名的心理学家斯腾博格的智力三元论中的智力成分亚理论。在认知发展过程中，个体通过接受新刺激，做出判断反应，并且对新信息进行编码与储存。由于认知发展是一种获取和保存新信息的过程，因此会涉及注意力与创新力发展。但是由于注意力由许多因素组成，本次测试主要测试孩子们的检索能力，同时测试孩子们对事物间关联性的认知。

但是，在我分析孩子们的评估过程后有了几个疑问，我认为在课堂上没有认真听讲、注意力差的孩子在测试中可能成绩并不低。因此我也查阅了相关的资料，有了如下反思：以我们班学生为例，在一堂普通的语文课堂中，班里大多数学生守纪律，认真地看着你，通过肢体动作告诉你他在认真听讲，是一副专心聆听的样子；部分孩子难以专心静坐，这里看看，那里动动。当一堂课讲完，我询问他们课上的相关内容，结果情况却可能分成典型的四类：专心听讲，能回答的；专心听讲，不能回答的；东看西看，回答得十分清楚的；东看西看，什么都不知道的。这说明，外部的表现与内部的心智运作并不完全对等。关于那些回答问题和不回答问题的，也并非一一对应其内在的心智运作和发展程度。因为，有些孩子属于“直接反应型”，你给他一样东西，他马上做出反馈。有些孩子则是“系统反应型”，今天给他一组信息，他不反应；明天给他一组信息，他还是不反应……直到某一天，他才像从沉睡中醒来似的，突然做出反应。此时你发现，“突然爆炸”式的头脑已将整个系统的里外融会贯通。

所以，这也让我想到了一个词语“静待花开”，每个孩子都是一朵花的种子，只不过每个人的花期不同。有的花，一开就会很灿烂地绽放；有的花，需要漫长的等待。不要看着别人的那朵花怒放了，自己的那朵花还没动静就着急，相信每一朵花，都有自己的花期。或许，您的孩子是一棵参天大树。细心地呵护自己的花，慢慢地看着长大，陪着他沐浴阳光风雨，这何尝不是一种幸福。相信孩子，静等花开。我想在评判学生的学习效果上应该也不能片面地进行评价，还是要更加客观地进行评价。

（张斌轩）

采用注意力教学方法提高学生语文学习力

——基于 A－S－K 课程理念的实践探索

一、对 A－S－K 课程的认识

注意力是指心理活动或意识指向和集中某个对象的能力。当人对某一事物发生高度注意时，就会对这一事物反应得更迅速、更清楚、更深刻、更持久。如果学习时学生注意力分散，心不在焉，就很难集中在一定的学习对象上，就会导致视而不见、听而不闻的现象发生，也就不能很好地感知和认识教材。培养学生的注意力，会提高课堂教学效率。

小学阶段是注意力培养的关键期。今年开学时，学校为一年级学生引进了 A－S－K 课程。在北京教科院的导师们指导下，我们在开学的第一个月与学生一同学习了适应力和注意力课程，帮助学生提高注意力。注意力模块属于 A－S－K 课程中的 S 类课程，通过对新生注意力的稳定性和广度进行专门训练，逐步提高学生的注意力水平。

一年级学生本性就是活泼好动，注意力以无意注意为主，一切新奇多变的事物都能吸引他们，都会改变他们注意的对象。A－S－K 课程深受学生喜欢，是他们感兴趣的内容，所以孩子们的注意力也会集中。通过这一阶段的四次课程，学生注意力有所提高，与语文教学相结合产生一些不同感受。

二、A－S－K 课程对语文学科的迁移及效果

（一）提出要求，为学生集中注意力提供方向

做任何事情有一定的方向或目标，才能容易成功。若没有目标和

方向，就像鸟不知飞向哪里，很难到达目的地。因此，在课堂上要为学生提出上课要求：目光要追随教师或发言者的一举一动；有机会开口说一定要开口说；翻书、拿笔的动作要快；回答要针对所问；倾听要全神贯注，对别人的回答有异议马上举手补充，做到口到、心到、手到。这些要求为学生集中注意力提供了方向，提高了课堂实效性。

（二）重视课前2分钟，唤起学生的注意力

良好的开端是成功的一半。在一节课的开始，学生的兴奋点有时还停留在上节课的内容或课间所从事的活动中。把学生由“课下”导入“课上”，使他们全身心地投入学习中去，就尤为重要了。

因此，为了将学生分散的注意力吸引到特定的教学任务和活动之中，使学生的思维尽快达到最佳水平，结合数学学科学习特点，在课前2分钟进行一些有利于集中注意力和课堂学习的活动。例如，对于刚入学不久的一年级学生，由于他们还没有适应学校紧张的学习生活，因此在课前2分钟我结合背诵《童蒙养正　立规成范》的儿歌《课堂篇》，对学生既提出上课要求，又恰当地引入课堂。这样，既可以使学生预先做好课前准备，提高学习的效率，又可以把学生分散的注意力集中起来，以最佳的精神状态迎接新课的到来。

（三）激发兴趣，培养学生的注意力

小学生的特点是活泼好动，有意注意持续时间短，自制力较差。他们的注意力最长只能坚持10～15分钟，大脑就会出现阶段性疲劳。如果将他们的学习当作单调的教师讲、学生听的过程，将会使他们的兴趣荡然无存，课堂上表现为没精打采，注意力分散。因此，教学课堂中我根据小学生的年龄特点，利用多样的教学方法吸引学生的注意力，培养学生上课认真听讲、专心学习的好习惯。

课堂教学中加入游戏。A－S－K课程中注意力模块深受小学生欢迎。在游戏、比赛中，学生注意力高度集中，兴趣极高，此时学生接受知识处于主动学习状态。因此，在之后的语文课中，我也会适当进行一些游戏或比赛。例如：“找朋友”“小猫钓鱼”“比一比哪组说得好”等游戏或比赛。

（四）体验成功的喜悦，增强集中注意力的信心

心理学告诉我们，一个人只要体验一次成功的喜悦，便会激起无休止的追求意念和力量。在教学过程中不断给学生创设成功的机会，让学生不断得到成功的体验，让学生通过自评、互评看到自己的进步，增强集中注意力上课的信心。

三、经验与反思

通过本班 A－S－K 课程前测和后测成绩的对比，以及学生课堂情况，能感受到学生注意力的提高。不断培养学生有意注意的学习品质，切实提高学生良好的心理素质。对于学科老师来说，掌握学生注意力培养的方法，并且巧妙地和自己的日常教学相结合，就能达到事半功倍的效果。

（范欣楠）

A－S－K 课程整体性反思

——助力新教师成长

作为一名史家小学新入职的一年级语文教师，非常荣幸在入职的第一年就能够参与北京教科院与史家小学一起合作举行的 A－S－K Pre 课程，并进入核心小组，一起参与课程培训，学习、吸纳新的课程理念。通过一个学期的研讨，我认为自己在各方面有了很大的提升，下面，我也希望把这一学期的所思所感，记录成文字。

一、对 A－S－K 课程的认识或看法

开学伊始，通过日常的班级管理以及课堂教学，我发现刚入学的一年级学生正处于幼小衔接的关键时期，他们活泼好动、天真烂漫、精力充沛，大部分学生既憧憬着小学的学习生活，又在真正的学校生活中出现了种种不适应、不自信的问题。此外，由于部分孩子没有完整地坐在教室里上过 40 分钟的课，他们在课堂上往往存在坐不住、注意力不集中的问题。因此，北京教科院 A－S－K 课程组以及史家团队通过讨论，针对一年级学生的特点，特意选择了适应与自信以及注意力两个 A－S－K Pre 模块作为一年级的授课内容。

通过学习 A－S－K Pre 注意力模块课程、教师培训手册，以及不断学习实践，我了解到注意是意识和心理活动对一定对象的指向和集中，具有集中性和指向性两个基本特征。注意的品质有四种，分别是注意稳定性、注意广度、注意转移以及注意分配。注意贯穿整个认知活动，是其他心理活动不可或缺的背景条件。因此，注意力的培养对于学习有十分重要的意义和作用。小学阶段属于注意力培养的关键期，需要专门的课程对孩子的能力进行培训。而 A－S－K Pre 中的适应力模块属于其中的 S 类课程，是通过对新入学孩子们注意力的稳定性和

广度进行专门训练，更加适合一年级孩子的学情和发育水平。针对适应与自信模块，我通过不断地听课、培训，认识到这一模块包含的是心理学中的两个研究层面，但面对一年级孩子授课时，二者却有着密不可分的关联。“适应”即“社会适应”，指的是个体内在的心理系统对外在社会环境变化的应对过程。而“自信心”是个体对自身行为能力与价值的客观认识和充分评估的一种体验，是一种健康向上的心理品质。自信心的结构包括自我效能、成就感以及自我表现。儿童刚升入小学，部分孩子对于学习环境的改变出现了不适应的现象，正面临着“勤奋对自卑”的心理社会危机，因此 A-S-K 课程模块的开发非常必要。这一模块属于 A-S-K Pre 中的 A 类课程，其中适应培养两节课，主要是让学生了解适应什么和怎么适应学校的新环境；自信培养两节课，主要是让学生初步认识和悦纳自己，在成就感中体验自信。

二、实践

本学期授课对象是史家小学 2017 级一年级 18 个班的全体新生，而授课者则是我们 18 个班的班主任老师。这 18 位老师在北京教科院 A-S-K 科研小组的专业支持，以及由校领导、老师成立的史家小组的共同努力帮助下，开展了一次次的研讨、备课工作，并圆满完成了 A-S-K Pre 注意力以及适应与自信两个模块的前测、授课、后测以及汇报工作。

三、效果

通过这一学期 A-S-K Prc 课程的工作，我认为与北京教科院的联合，不仅仅对于史家小学本身是一次大胆的尝试提升，对于 A-S-K Pre 核心组的每位老师来说更是一次很好的交流学习机会，这一课程有一个强大的科研团队做后盾，接触到了更为前沿的心理学知识，对我们丰富自身的课堂教学模式，更好地运用不同方法帮助不同的孩子也有很大的帮助和启发，在潜移默化中提升了我们的综合素养。更为重要的是，此次课程对学校 18 个班的孩子们来说，是一次提升注意力、适应力以及自信心的好机会。它使孩子们能够在科学的指导和帮助下接触新型课堂模式，帮助他们更好地完成幼小衔接。

四、经验反思

（一）A-S-K课程前测、后测的科学性

整整一个学期的活动，我作为A-S-K课程的参与者、成果经验的见证者，有自己的一些感悟。首先，我认为A-S-K课程模块是一线教师、领导与北京教科院的一次强强联合，整套课程体系既包含科学性指导，又包含一线班主任老师们的授课经验，我们之间通过不断碰撞，逐步完善，磨合出了最适合一年级孩子的课程。其中令我印象最深的就是北京教科院老师为我们一年级新生带来的A-S-K课程前测和后测，这份评估是基于著名心理学家斯腾伯格智力三元论设定的，非常专业。

（二）A-S-K课程对培养教师综合素质的帮助

这一课程带给我的反思就是，它完全不同于以往的传统课堂。A-S-K课程所要达到的教学目标并不仅仅是知识的传授。课程以孩子们喜爱的动画片《海底总动员》中的多莉一角为主线，开设了“认识新朋友”“多莉的一天”“独一无二的我”“神奇的能量泡泡”等多种主题的课堂，希望通过游戏、闯关、画图、讨论等多种形式，带领孩子们在游戏中训练注意力，提升适应力。在课堂中，教师就是一位引领者、大朋友，教师无须在课堂中纠结于学生学会了什么，甚至纠结于他们的纪律，更重要的是要通过活动观察学生对于课堂的投入度，进而提升他们的能力。A-S-K课程是由史家小学一年级的全体班主任教授，他们中既有语文老师又有数学老师，不同学科老师对于课程的理解、思维方式以及授课方式的把握都有很大不同。观摩、学习不同学科老师们的课堂，对我自身渗透学科融合的方法和培养教师综合素质都有很大帮助。

（三）A-S-K课程对教学经验的总结

我认为此次课程把老师们原有的经验进行了更为科学、系统的整理和总结。通过交流，我发现，我们史家小学一年级的一线老师其实

已经在教学中运用到了许多A－S－K课程中的理论。比如，老师在课堂中应用的小口诀、课中操……而通过系统的备课，我们有了更专业的理论支持，对如何培养孩子们的注意力以及适应力产生了更加深入的思考，许多之前凭借教学经验遇到的困惑也找到了科学性的答案。

（四）A－S－K课程对学生综合能力的提升

最后，我发现一年级的孩子们特别喜欢A－S－K课程，新颖有趣的课堂内容、丰富多彩的课堂形式，也是最为重要的一点。多莉就像他们学习生活伙伴，也像他们自己。课堂之所以吸引孩子们，也是因为它的代入感特别强。因此，语文教学中，为了增强孩子们的学习兴趣，我也会偶尔引入孩子们的小伙伴多莉，让它跟我们一起学习。在多莉进课堂的语文课中，我能明显感到孩子们的学习效率更高了。

A－S－K课程带给我的不仅仅是专业知识方面的积累，更是一种授课模式和思维方式的创新，有利于教师综合素质的提升。非常感谢学校领导、优秀的老师们及北京教科院的专家能给我这个机会进入A－S－K课程核心小组。我非常珍惜能在入职的第一年就遇到这么好的机会，我会好好整理自己的所得，使之内化于课堂中，早日成为一名优秀的语文教师。

（孙慧瑶）

A－S－K Pre 注意力模块课程反思

我是一名在史家小学工作两年的年轻语文教师，也是第一年担任一年级的班主任。我非常荣幸能够在这两年间参与北京教科院与史家小学一起合作的 A－S－K Pre 课程，并进入核心小组，一起参与课程培训和课堂教学。一个学期的教学研讨、听课学习以及教学实践，给我印象最深的是 A－S－K Pre 注意力模块的课程。

一、对 A－S－K 课程的认识

我知道对于刚上一年级的六七岁孩子来说，他们正处于幼小衔接的关键期。他们活泼好动，天真烂漫，精力充沛。幼儿园期间，孩子们往往是感官学习和发现学习，大家围着就座在游戏中习得知识，一节课持续时间往往是 15～20 分钟。而升入小学则严格实施国家新课程标准分科学习，且一节课 40 分钟。这样的差别，使得部分孩子在课堂上往往存在坐不住、注意力不集中的问题。因此不管是在班级管理中还是在日常教学上，吸引学生注意力就成了班主任和科任老师的重中之重。而今年，北京教科院 A－S－K 课程组以及史家团队通过讨论，针对一年级学生的特点，继续选择了适应与自信以及注意力两个 A－S－K Pre 模块作为一年级的授课内容。

通过对 A－S－K Pre 注意力模块课程的不断深入了解，以及本学期实际四节课的注意力模块授课经验，我了解到 A－S－K“魔法学堂”课程完全不同于以往的传统课堂形式，目标并不是知识的传授，而是以孩子们喜爱的动画片《海底总动员》中的多莉一角为主线，开设了“认识新朋友”“找找他在哪儿”“帮帮多莉吧”“看谁最聪明”四节课，通过游戏闯关、画图连线、小组讨论、大胆汇报等多种形式，由教师带领孩子们在游戏中潜移默化地提升孩子的注意力。

二、A-S-K 理念在语文学科迁移的实践

将 A-S-K Pre 注意力模块课程与语文学科结合。以 A-S-K Pre 注意力模块课程的第二节课“找找他在哪儿”为例：这节课主要是围绕五个闯关游戏进行的，教师应该将本堂课的教学重点放在如何引导学生做到先认真听清要求，后动手操作。

课前，我首先做了大量关于小学生注意力方面的功课。注意力包括有意注意和无意注意。随着学生年龄的增长，他们的有意注意逐渐会占主导地位。在课堂上，我们是帮助学生逐渐完成注意的有意性由被动到主动的转换。课堂开始，我先通过播放视频激发学生兴趣，吸引学生的无意注意。接着开始进行闯关游戏，五个关卡难度循序渐进，孩子们首先要注意力集中，听清老师对每项游戏开始前的要求，之后通过听觉、视觉、触觉等多方面感受进行游戏。这一过程需要学生的注意力越来越集中才能顺利通关完成任务。

三、A-S-K 学科迁移的实践效果

（一）A-S-K Pre 注意力模块课程对一年级学生的帮助

一年级新入学的学生往往存在课堂注意力不够集中，坐不住、开小差等问题，在传统课堂中，低年级的教师往往需要更为夸张活泼的语调、生动有趣的教学语言以及丰富多彩的教学手段吸引学生的注意力，也就是通过吸引学生的无意注意来提高学生课堂听讲效率。A-S-K Pre 注意力模块课程在孩子们刚刚入学阶段就作为正课引入其中，目的是和传统史家小学一年级的启蒙周学习内容“韵化三字歌”相结合，提高一年级新生的注意力。通过几次 A-S-K“魔法学堂”课程，也盼望着每星期一上“魔法学堂”课程：把动画片里的主人公请到课堂中跟孩子们一起玩耍、学习，多莉就像他们学习、生活的伙伴，也像他们自己，孩子们很容易就产生了“共情”心理。在有多莉的课堂中，我能明显感受到孩子们的学习效率更高了。其次，A-S-K Pre 注意力模块课程有新颖的课堂内容和丰富多样的课堂形式，游戏设置

目的是训练和提升学生的注意力，课堂中多让孩子们将动手和闯关的形式相结合，增强孩子们的学习兴趣。

(二) A-S-K Pre注意力模块课程与语文学科结合

在语文教学中，我也偶尔会尝试运用“把多莉请进课堂”的闯关游戏模式进行课堂知识的复习。比如，语文课本上的识字、拼音教学中的拼读。我会将学生以小组为单位或按男女、左右进行划分，用比赛的形式进行游戏闯关，充分调动每个孩子的课堂参与度，极大提高了孩子们的注意力，增强了课堂的时效性。

四、经验与反思

注意是意识和心理活动对一定对象的指向和集中，具有集中性和指向性两个基本特征。注意的品质有四种，分别是注意稳定性、注意广度、注意转移以及注意分配。注意力的培养对于学习有着十分重要的意义和作用。而小学阶段处于注意力培养的关键期，专门的课程对孩子的成长十分有益。

A-S-K Pre注意力模块课程既包含科学性的指导，又包含一线班主任老师们的授课经验，二者通过不断碰撞，逐步打造出了最适合一年级孩子的课程。

此次课程把老师们原有的经验进行了更为科学、系统的整理。通过一个学期的系统备课，以及一次次向孩子们呈现他们喜爱的“魔法学堂”课程，作为一个新班主任，我对于如何培养本班学生的注意力产生了更加深入的思考，许多之前凭借教学经验遇到的困惑也找到了科学性的答案。在今后的工作中，我也会在如何培养学生课堂注意力方面多做一些尝试和探索，循序渐进，真正做到在课堂中以学生为主体，让学生学有所得。

（孙慧瑶）

提升学生注意力　关注学生习惯养成

一、对 A－S－K 课程的认识

我们常说，小学阶段的重要任务是养成良好的学习习惯，那么什么是良好的学习习惯呢？我认为专心致志就是良好学习习惯之一，并且是非常重要的一项。说到专心致志，我们就必须要关注学生的注意力培养。

注意是什么？注意是心理活动对一定对象的指向和集中。是人类有意识地自觉主动地获取信息、学习知识和技能的根本手段。对孩子来说，注意力是孩子能够感知外部信息，认识事物的重要工具，是孩子学习中的基础能力，良好的注意力是学习效果的重要保证。

如何培养并提升学生的注意力呢？A－S－K 课程的注意力模块，就是通过对新生注意力的稳定性和广度进行专门训练，逐步提高学生的注意力水平。

本学年主要进行 A－S－K Pre 注意力模块部分的实施，并研究其对学生注意力培养的影响。

A－S－K Pre 注意力模块的课程主要以“魔法学堂”的形式进行。“魔法学堂”主要采用情境游戏和活动相结合的方式推进课堂，引导学生认真观察，培养和提高学生的注意稳定性和广度。

二、A－S－K“魔法学堂”的实践与效果

“魔法学堂”是以学生喜闻乐见的动画片导入，并且其中的角色也和刚入学的学生一样，既有快乐也有烦恼。第一课时“认识新朋友”，目标是找到《海底总动员 2：多莉去哪儿?》中的主要角色的典型特征。在教师的引导下，孩子们带着任务观看动画片，认识了新朋

友，为后面的学习做了铺垫。第二课时“找找他在哪儿”。第三课时“帮帮多莉吧”，通过游戏闯关，完成注意力稳定性和广度的基础训练。第四课时“看谁最聪明”，通过游戏闯关，完成注意力稳定性和广度的学科衔接训练。让学生在学科游戏活动中体验专注及独立完成任务的成就感。

采用动画片和游戏闯关的形式，引导学生逐一完成任务，为学生创设了轻松愉悦的学习环境，学生好似是在和动画片里的好朋友一起做游戏，使学生从心理上感受不到任何学习的负担，情绪里没有消极和抵触，而是期待和兴趣。在这些游戏中，教师引导学生如何在发现问题、思考问题中寻找解决问题的方法。学生在游戏闯关的过程中培养了静下心来专注于一件事的能力，也就是专注力的培养。

与此同时我发现在闯关游戏的设置中，难度是层层递进的，刚开始还是比较简单，像“认识新朋友”，新朋友的特点还是很容易被发现的，这样孩子们很快就能体会到成功的喜悦，也激起了继续闯关的兴趣。在接下来的游戏中难度一点点增加，学生的专注力也一点点地提升。

三、A－S－K语文学科迁移及效果

通过“魔法学堂”的学习，我发现课堂的趣味性和贴近学生生活等是吸引学生注意力的主要因素，那么语文课堂是不是也能像“魔法学堂”一样，设置一些有趣的环节，或者把好朋友“多莉”带到课堂之中呢?

一年级上学期《语文园地八》的“识字加油站”环节，归类了四组表示职业和工作地方的词语，学生通过读读说说，感受职业和工作地方的从属关系。在这一环节的教学时，我创设情境，激起学生兴趣。

师：你们知道吗?这一个学期，多莉去了很多地方，并且了解了很多职业，自己快读读识字加油站中的这些词语，看看你有什么发现?

学生朗读这些词语没有困难，并且很快发现了从属职业与工作地方的从属关系。教师又接着说：其实除了这些地方，多莉还去了很多地方，你能猜猜他去了哪里，又了解了什么职业吗?把你猜到的写在纸上，不会写的字写拼音。还可以把你猜到的和同桌同学交流。

“猜猜猜”游戏激起了学生的兴趣，他们又写出了法院法官、超市营业员、乐队鼓手等自己知道的职业和工作地方。在和同学交流的过程中，不仅巩固了自己已经认识的汉字，还认识了一些新的职业、新的汉字。

这样的情境和游戏，使学生的识字兴趣大大提高，也提高了语文课堂的实效性。除了识字教学，在阅读教学中，依然可以利用“魔法学堂”的神奇有趣激发学生的创造兴趣，从而提高语文课堂的实效性。

在学习《比尾巴》一课时，我们了解了很多动物尾巴的特点，有的长，有的短，有的扁，等等。那么，多莉的朋友们的尾巴又有什么特点呢？出示金鱼、鲅鱼、飞凤鱼等的图片，引导学生观察图片，发现鱼尾巴的特点，并模仿文中的语句说一说。通过观察，学生不难发现金鱼的尾巴像朵花，鲅鱼的尾巴像剪刀，飞凤鱼的尾巴像面旗。从而模仿课文续写出了句子：金鱼的尾巴像朵花，鲅鱼的尾巴像剪刀，飞凤鱼的尾巴像面旗。

熟悉的老朋友带来的新朋友，学生喜欢的游戏方式，激发了学生的兴趣，提高了学生的想象创造欲望。

四、经验与反思

“魔法学堂”的内容设置符合学生的认知发展水平，使学生在动画片的贯穿中轻松闯关，逐一完成任务，激起了学生的求知欲，在愉悦的氛围中发现问题、找到答案，使学生获得了成就感，同时也培养了学生的专注力。

把“魔法学堂”的理念合理地运用到语文课堂中，我们惊喜地发现，学生越来越会听讲了，他们知道如何去观察，他们可以静下心来沉浸在课堂之中了。学生发言变得积极主动了，积极倾听、观察、思考后，发言成了一种体验成就感的方式，一次次成功的体验后养成了再次倾听、观察、思考、表达的良性循环学习圈。更多的学生参与，更多的学生表达，更多的火花碰撞，从而培养了学生更好的专注力与思维能力。

通过“魔法学堂”，我真正地体会到良好的注意力品质是可以培养的。科学的、符合学生认知水平的课程设置，有趣的课堂教学形式，有进阶的分步目标，引领着学生在观察和思考中获得体验与成就，学生慢慢地形成了良好的学习习惯。

（满文莉）

结合 A－S－K 课程培养小学低年级学生注意力的探索

一、对 A－S－K 课程的认识

本学年我参加了 A－S－K 课程的实施，在实施过程中我认识到A－S－K课程是一个全新引入的课程，此课程是为了学生全面发展和终身发展设计的课程。其中，注意力模块是通过对学生的注意力的稳定性和广度进行专门训练，以逐步提高学生注意力的水平。

在课程实施过程中，我认识到习惯是一种顽强的巨大的力量，它与人的发展终身相伴，良好的习惯能使人终身受益，良好的习惯也是现代公民应有的素养。培养良好习惯应该立足长远，需要抓住最佳的时期将根基夯实。而低年级的小学生可塑性很大，本学年我在教育教学中抓住 A－S－K 课程的契机，结合 A－S－K Pre 课程的实施对一年级学生的注意力培养进行了探索。

二、A－S－K 语文学科迁移的实践及效果

（一）排除课前干扰，磨刀不误砍柴工

上课之前教师要排除无关的干扰，课前准备要求尽量简单，上课用不到的学具不要拿出来。还要给学生提出具体可行的要求，做任何事情都有一定的方向或目标，才能容易成功。比如，教师要根据集中注意力上课的外在特征，提出上课要求：目光要追随教师或发言者的一举一动；有机会开口说一定要开口说；翻书、拿笔的动作要快；回答要针对所问；倾听要全神贯注，对别人的回答有异议马上举手补充，做到口到、心到、手到。这些要求为学生集中注意力提供方向，使学

生操作起来有章可循。

（二）优化课堂教学，心会跟课一起走

“争取学生热爱你的学科”，要求我们在课堂教学中，把自己的课程设计摆到一个重要的位置。而低年级学生的特点是活泼好动，有意注意持续时间短，自制力差。他们的注意力最多只坚持10~15分钟，大脑就会出现疲劳。如果将学习当作枯燥的“讲”和“听”，那么课堂上学生就会没精打采，注意力分散。因此，教学过程中要根据学生的年龄特点，利用灵活多变的教学方法吸引学生的注意力，培养学生认真听讲的好习惯。

第一，巧妙导课，吸引学生的注意力。良好的开端是成功的一半，针对不同的课，选择不同的吸引学生兴趣的方法。如语文教学中新授课前采用谜语导入、故事导入、情境引入、游戏导入等方式，用此方法学生会轻松自然地进入学习状态。

第二，激发兴趣，培养学生的注意力。我们曾以为低年级的学生单纯好管理，课程知识点简单，实践中发现我们之前想得过于简单了。一年级孩子还没养成良好的学习习惯，上课总是乱糟糟的，一节课用于维护纪律的时间往往比授课的时间还要多。有的孩子聪明伶俐，但是上课常做小动作，边玩边学，做事拖拉，注意力成了孩子提高学习成绩的绊脚石。为此，我们应该注意把培养孩子学习语文的兴趣与培养注意力结合起来。我在语文课的教学过程中根据一年级小学生的年龄特点，结合A-S-K Pre课程把培养孩子广泛兴趣与培养注意力结合起来。同时要调控教学节奏，创设良好的课堂氛围，当发现学生疲倦时，穿插一些趣味性的东西，让学生唱一唱、动一动，加快节奏，增加密度或增添一两个小游戏或进行表演比赛。这样，歌曲、表演、游戏等教学活动此起彼伏，高潮迭起，扣人心弦，达到吸引学生集中注意力的效果。如在拼音教学中，拼读练习特别枯燥，当学生的注意力不集中时，就让他们一起拍手道：“来来来，一起来，咱们一起做游戏，拍拍手，笑嘻嘻，我把苹果送给你。”在说的同时，让孩子亲自把有苹果图案的字宝宝卡片摘下来，当学生正确拼读时，全班同学一起跟读。这样的教学过程既使学生完成了学习任务，又有意识地培养了学生的注意力。

另外，在A－S－K Pre注意力模块课程设计启发下，设计了语文学习闯关竞赛，学生也特别会提神，教学中把生字教学设计成一关一关的闯关练习，来抓住学生的注意力。实践证明，通过这样的教学环节，孩子们在语文学习过程中对活动的意义理解更加深刻，完成任务的愿望更加强烈，注意力始终保持集中，而且持续的时间延长。

第三，适当评价，维持学生的注意力。教师引导、评价的语言，也有不容忽视的作用。在引导学生向正确方向发展的同时，要考虑到激励的作用，教师的激励会将学生注意力集中在被表扬学生的身上。我们都知道“鸟儿要奋飞，老师的鼓励是翅膀；花儿要浇灌，老师的微笑是甘露”。孩子都喜欢听表扬的话。在语文教学过程中，教师仔细观察孩子在学习中注意力集中的点滴进步及时给予鼓励，同样能收到事半功倍的效果。

三、经验与反思

这一年我在参加A－S－K课程的实施过程中，把重点放在培养一年级学生的注意力上。通过课程的实施，我感受到对于低年级学生而言，学生在课堂上注意力是否集中，将直接影响学生的学习效率高低及终身学习习惯养成与否。所以，在课程实施过程中最关键的还是要从课堂入手，调动学生上课的兴趣，提高他们的学习热情，采取多种方法培养他们的注意力，从而提高课堂的教学效果。

通过参加A－S－K课程实施的实践，我深刻体会到小学生语文课堂注意力培养，除了要激发小学生学习兴趣、培养良好的学习习惯外，还要让各种方法相互交叉、融合，形成合力，使小学生课堂上学习的注意力由无意注意上升到有意注意，使每一名孩子都变得会学、善学、乐学。在今后的语文教学中，我会继续结合A－S－K课程在教学实践中不断探索、不断修改完善。

（张　彬）

凝聚学生注意力　鲜活语文课堂

对于一年级的孩子，我们常说“先抓习惯，再谈成绩”，而习惯的养成与注意密不可分，注意和不注意两种状态关系课堂秩序，关系教学，会有优与劣两种截然相反的结果。我的体会是，注意是一种意识，有意识地去注意，并且不断重复就会培养成习惯，长期坚持就会养成稳定的习惯。习惯一旦产生，就会影响孩子们的潜意识，进而在不知不觉中改变孩子们的行为。

为了帮助一年级新生养成良好的学习习惯，培养优良的注意力和创新能力，我校引进了 A－S－K 课程，主要以“魔法学堂”的形式进行，此课程基于培养学生核心素养的课程开发，以学生易于接受的情境游戏和活动相结合的方式推进课堂，让学生在轻松快乐的课堂氛围中，主动去学，乐于去学，善于去学，为学生终身学习、终身发展和适应未来奠定基础。

一、对 A－S－K 课程的认识

一年级新生与学前儿童有很多相似之处，注意力不集中，贪玩、好动、好奇是幼小衔接过程中最突出的特点。其课堂上容易分散注意力，左顾右盼，小动作不断；一旦把注意力集中在某一个感兴趣的问题上，就忘记了别的事情，很难做到专心听讲；情绪变化无常，行为动摇不定；喜欢模仿，并且有直观、具体、形象等思维特点。针对孩子们这些特点，对症下药，因材施教，引导学生有意注意，在起步阶段逐步端正学习态度，掌握学习技能，获取知识，使学生学会学习是比教授知识更为重要的一项任务。

注意力模块是属于 A－S－K Pre 课程中的 S 类课程，这是专门对学生注意力加以训练和培养的课程，通过对一年级新生注意力的稳定性和广度进行专门训练，逐步提高学生的注意力水平。随着注意力课程的推进，在日常的语文教学中，教师借助 A－S－K 课程的理念，合理运用多种教学方式，调动学生的有意注意力，吸引学生有意去注意，取得了比较理想的效果，是值得肯定并行之有效的一种教育方法。

二、A－S－K 理念在课堂上的实践及效果

传统的教学，是与学生互动以及和学生的注意力较劲。“魔法学堂”通过游戏化任务，给学生搭台阶，使课程内容化难为易，学习过程化单调为有趣。

（一）初识“魔法学堂”

一年级的学生刚入学，认字、读书、写字、表达等基本技能都需要老师关注、训练，可现实情况是，大多数一年级新生是零起点入学，对于书上的内容，他们会选择性地挑自己感兴趣的、易懂的学习，很难将注意力持久集中。而小学生知识来源的最大源头是课堂学习，不会注意就不会学习，所以专心上课相当重要。要使一年级孩子们从无意识地注意转到有意识地注意，要花费老师很大的精力，有时候课堂上大部分时间是在和孩子们的注意力较劲。一些颇有趣味的方法不仅能有效完成教学任务而且能使学生乐学、爱学。教师努力创设轻松愉悦的学习氛围激发学生兴趣，既教给学生知识又教会他们求知、合作、创新……培养学生正确的学习态度和学习方法，使学生学得有趣，学得实在，确有所得。因此，适时适度引入合适的游戏与活动，创设情境，设计多样的教学手段，让学生真正在课堂上动起来，在“玩”中学习知识，让语文教学方法灵活起来，教学内容生动起来，课堂气氛活泼起来，便成了我在教学中的一种尝试。

当大屏幕上出现《海底总动员》视频时，班里一下子安静了，孩子们聚精会神地盯着屏幕；当我呈现“多莉”的图片时，孩子们异口同声、兴奋地喊起了“多莉”的名字。当我带着悬念引导孩子们开启“魔法学堂”课程的时候，我看到了一双双好奇和探究的眼睛。看到孩子们聚精会神全身心参与课堂的表现，我也从中有了一丝顿悟。

“魔法学堂”能将孩子们代入美丽的画面，让学生幻化为各种替身或者穿越其中，置身于如迷宫、运动会等各种情境中，参与其中，感同身受，身临其境，丰富想象，提出自己的想法，互相提出问题，充分发散思维，展开想象的翅膀，既吸引了注意，又提高了学习兴趣，增强了记忆，让学生在“玩”中学会了观察、倾听表达、合作学习，同时学会了知识。老师也不必频繁地在注意力这个问题上去和孩子们较劲了。

（二）开展教学实践

一年级学生活泼好动，为了凝聚学生注意力，提高学习兴趣，我将游戏化活动与语文课堂教学进行有机结合。

第一，调动兴趣，玩中体验。

一年级的学生在课堂上注意力持续时间较短，所以老师们喜欢穿插一些课中操教学环节，可是操作下来发现效果并不理想，一是因为时间久了学生失去了兴趣，二是因为学生只是简单重复完成几个动作，教学效果甚微。我认为“玩”并不是简单开展一些能够活跃气氛的无意游戏，而是有指向性地指导学生玩一些能够促进课堂教学的游戏。A－S－K 课程让学生在游戏过程中不断自由想象和扮演，不受定式思维和时空限制，一切都显得顺理成章并且创意十足，和教学紧密相关。

如一年级下册第一单元的四篇课文围绕“多彩的春天”编排，在课中我和孩子们玩了一个定格的游戏，孩子们在优美的音乐声中想象自己身处万物复苏的春日暖阳之中，随意扮演自己心爱的角色：可以是动物植物，可以是融雪溪流，也可以是各行各业的人们。随音乐做出相应动作，音乐声停所有动作定格，孩子们相互猜一猜对方表演的是什么，再相互说一说自己的想象。依据 A－S－K 教育理念，本课程设计不仅吸引了孩子们的注意力，调动了他们的积极性，与此同时，春天生机盎然的特点也深深地印刻在了他们的脑海中。

第二单元中的《我多想去看看》一文，表达了儿童美好的愿望，文中出现的“天安门、天山……”以图片形式出示，学生仅仅只是发出了“哇”的赞叹声，然后又归于平静。如何把文中的“我多想去看看”，真正变成学生自己的“我”多想去看看，让他们乐于把自己的心愿分享给大家呢？通过课前交流，我了解到他们假期生活非常丰富，有的去冰雪覆盖的黑龙江雪乡，有的去鬼斧神工的云南石林，有的去壮观的港珠澳大桥……于是我和学生们玩起了“故事棒”的游戏。每个人都想一想自己去过的或没去过但特别想去的地方，一会儿谁想到了就从座位上站起来，边说“我”去过什么样的地方，边摆出一个动作。我先给学生开了个头，我边说“我多想去婺源看看美丽的油菜花”，边用双手做出一个花瓣状定格在讲台上。看老师都在课堂上玩起来了，下面的一些学生纷纷坐不住了，他们一个个跃跃欲试，走上讲台，描述自己的美好心愿：“颐和园的万寿山”“热闹的龙潭湖庙会”“哈尔滨刺激的滑冰”“西湖旁高高的雷峰塔”…… 伴随着大家以“我多想……”为开头的介绍，教室里出现了一个个风格迥异的造型，同学们的所想涵括了祖国的大江南北，令人眼花缭乱。一堂课下来，孩子们的眼界不再只局限于书中的内容，他们自由地展示，充满创意地表达，既巩固了书中的句式，又打开自己的心扉，学会了与人交流。

《礼记·学记》中讲“独学而无友，则孤陋而寡闻”，同学之间的学习交流和思想交流是十分重要的，遇到问题要互帮互学，展开讨论。每一个人都必须努力吸取别人的优点，弥补自己的不足，像蜜蜂似的不断吸取群芳精华，经过反复加工，酿造知识精华。学生们在相互的探讨学习过程中，其实对知识点的理解也在逐渐加深。

第二，投入情境，玩中感悟。

首先，扮演角色，体会情境，乐中体验。在小学低年级段的语文教材中有一部分课文情节十分精彩，对学生很有吸引力，如《动物王国开大会》《小猴子下山》《小公鸡和小鸭子》《小马过河》《比尾巴》等，这些课文中人物形象鲜明生动，语言简洁有趣，孩子们在理解课文内容后，很愿意模仿其中的角色，并创造性地演绎故事情节，这就最大限度激起了学生的积极性，调动其有意注意。讲授《比尾巴》一课时，我用多媒体展示文中各种小动物的图片，当学生熟识了这些动物以后，我们一起进行“连连看”的游戏，让6位学生戴动物头饰扮演猴子、兔子、松鼠等6只小动物，再让6位学生手拿6种不同的动物尾巴，然后让两组学生“连连看”寻找自己的“身体”或“尾巴”找到后向大家阐述自己尾巴的特征，其余学生起监督、评价作用。有的组员在介绍时，还借助自己的肢体动作来表达自己对动物尾巴特征的理解，如说到“猴子的尾巴长”时，他把双臂张开表示长；说到“兔子的尾巴短时”，把手臂缩回到了自己胸前。这样的活动设置和角色扮演，不仅激发了孩子们的学习兴趣，而且便于孩子们牢记各种尾巴特征。

其次，创编故事，再现情境，趣中享受。拼音字母的学习对于学生来说是较枯燥的，那如何让学生既学到知识，又能学得趣味盎然呢?我注意到每课拼音的插图里都藏有这一课要学习的几个字母。每幅图背后都可以延展出一幅故事的画面，而一年级的学生年龄小，喜欢听故事、讲故事。在教学中，教师与学生共同创编故事，让学生插上想象的翅膀，自由翱翔，与故事中的主人公一起学习、一起游戏，是把枯燥的、机械的拼音教学变成有趣的、生动的学习活动的有效途径。

比如，在学习前鼻韵母an、en、in时，我就以书中的情境图为材料引导学生编故事：在美丽的大森林里住着一只小猴子，名叫安安。小朋友们先一起和他打声招呼，（就在这个环节中渗透an的读音，练读an）在读准了an以后，老师再引导学生把故事编下去：有一天，安安的妈妈对他说：“孩子你已经长大了，应该一个人出去看看外面的世界。”于是，小猴子出发了。他来到了一个陌生的地方看到了一个小房子，安安想进门看看房子里有些什么，那他要先做什么呢？在这里引导学生说出摁门铃，从而引出en的学习，安安走进小房子后看到了电视里在播放天安门图片（再次引出an的学习），同时安安还听到了音乐《我爱北京天安门》（最后引出in的学习），整堂课在这个编故事的语言环境中，学生不知不觉地掌握了拼音，还学得主动积极、兴趣浓厚。

三、经验与反思

就学习过程而言，教师只是引路人，学生是学习的真正主体，学习中的大量问题，主要靠学生自己去领悟。孩子们的注意力之所以分散，还是因为课程或知识不够吸引人。“魔法学堂”之所以被学生深深地喜欢，我想是因为它的内容符合学生认知发展水平，课程内容具有极强的故事性、趣味性，易激起学生的好奇心和求知欲。孩子们在游戏和情境中，发现问题、寻找答案、解决问题，这种形式既有利于获取知识，又有利于建立自信，有意识地提高注意。

我从事教学工作以来，初次担任一年级班主任并从事语文教学，对一年级孩子的认识是新的课题，应该抓孩子们的习惯养成思路。七岁儿童的注意力问题，习惯养成问题不可能一蹴而就，教师的教学方法、爱心和耐心很重要，尤其是对那些比较顽皮、淘气的孩子，以及学习成绩不稳定的孩子，更需要关心，更需要长期坚持，常抓不懈。A－S－K 理念是需要贯穿始终的系统工程，要从潜意识抓起，没有一成不变的方法，只有一成不变的责任，教书育人万变不离其宗，教师必须在教学实践中不断提高、不断完善因材施教的方法。学生一旦有了良好的学习习惯，会影响和伴随其一生。

一个学期的教学实践之后，A－S－K“魔法课堂”给语文教学和课堂带来了很多变化：

第一，多种教学手段吸引注意力，调动兴趣。一年级孩子对任何事情都有好奇心，爱问为什么，我就紧紧围绕他们问的为什么来回答是什么。在教学手段上，以孩子们喜闻乐见的游戏、表演、故事等形式，充分利用多媒体、自制卡片和看图说话等引导孩子们到情境中去扮演角色，让孩子们在情境里完成一个又一个任务，把自己代入魔力世界中去，帮助孩子们自己完成幼小过渡和衔接，在寓教于乐中吸引孩子们注意力。这些游戏和活动的设置，遵循从易到难、由简入繁的原则，调动了学生的积极性，实现了玩中学、玩中做，逐步提高学习兴趣。有了兴趣，注意力就很容易集中。

第二，创设轻松愉快的学习氛围，互教互学。设身处地为学生创造轻松良好的学习氛围，建立一个接纳性、宽容性的课堂气氛，通过一个又一个游戏和活动实现孩子们互动学习，形成一个互教互学的“学习共同体”，尊重学生的学习体验，让学生身心都鲜活起来，启动思维，驰骋想象，实现成长。小学低年级段，强调训练孩子的学习注意力，除了针对孩子们自身特点外，还引导孩子们迈好第一步，打好人生基础，使知识内化于心，幻化于无形，逐步教会学生把老师教学的“漂亮珍珠”串成“珍珠项链”，需要每个人自己去做强关联和深度思考。A－S－K 课程体验和体验之后的收获，属于孩子们自己。

（史宇佩）

借助 A－S－K 课程理念
让语文教学更加有趣

A－S－K 课程是基于培养学生核心素养的课程开发。学生发展的核心素养，主要指学生应具备的能够适应终身发展和社会发展需要的必备品格和关键能力。综合表现为人文底蕴、科学精神、学会学习、健康生活、责任担当和实践创新等六大素养。

对于小学教师来说，引导学生学会学习是远比教授知识更为重要的一项任务。学会学习的过程由方方面面构成，其中注意力的培养有着十分重要的意义和作用。小学阶段正是注意力培养的关键期。作为一年级的教师，面对刚从幼儿园进入小学的学生，我们更需要关注学生注意力的培养，充分发挥学生的主观能动作用，从而提高教育教学的质量。

一、对 A－S－K 课程的认识

A－S－K 课程由各种模块组成。其中 Pre 注意力模块，主要以“魔法学堂”的形式进行，这是专门对学生注意力加以训练和培养的课程，通过对一年级新生注意力的稳定性和广度进行专门训练，逐步提高学生的注意力水平。

随着注意力课程的推进，我意识到在日常的语文教学中，也可以借助 A－S－K 课程的理念，合理运用多种教学方式，如图画教学、游戏教学、比赛教学等，调动学生的有意注意，充分发挥有意注意的作用，提高学习效率。

二、A－S－K 理念在语文课堂上的实践及效果

在传统的语文教学中，教师过于注重学生基础知识的积累，而忽

略了学生的实践运用。采取的教学方式也更多是讲授式和启发式，这样的教学形式导致学生对语文学习的感知不足，影响了学生学习的有效性。针对一年级学生注意力不易集中的特点，结合 A－S－K Pre 注意力模块的教学理论，我在课堂上开展了一些教学实践，取得了一些效果。

（一）走进“魔法课堂”

对于一年级的学生，动画和卡通有神奇的魔力。A－S－K 课程的“魔法学堂”就把孩子们带入美丽的海底世界。在这神奇的世界里，孩子们游走在《海底总动员》的小鱼身边，和它们一起游戏，一起活动。“认识新朋友”中，通过认真观看和小组合作了解人物角色及特征，为后面的学习打下基础；“找找他在哪儿”中，孩子们仔细观察，完成游戏的任务，进行注意力的基础训练；“帮帮多莉吧”中，孩子们继续进行游戏闯关，完成注意力的进阶训练；“看谁最聪明”和“海底运动会”，则将游戏与数学学科的数字知识，以及语文学科的倾听与表达结合，完成了注意力训练与学科的自然衔接。

游戏与课程的设置环环相扣，循序渐进。孩子们在难度逐渐增加的游戏和活动任务中，也不断挑战自我，或独自或合作完成一个又一个任务。在这个过程中，和伙伴分享了成功的喜悦，也获得了独立完成的能力。

“魔法课堂”的游戏和活动设置以及小组合作的思路，给了我很大的启发。传统的语文课堂，老师基于教材文本进行听、说、读、写的训练，形式比较单一。具体到一年级语文课堂，老师要关注学生认字、读书、写字、表达等基本技能的训练，但是一年级学生刚进入课堂，大多数孩子都是从零开始学习汉字语言，语文书上的拼音字母和文字对于他们太过陌生。这时，有的孩子往往就很难集中注意力，很容易就开小差。因此，适时适度引入合适的游戏与活动，使语文书上的字母和文字像“多莉”一样动起来，就成了我在教学中的一种尝试。

（二）学科迁移的实践及效果

一年级语文的主要教学目标是识字和拼音。为了落实这个目标，我尝试把 A－S－K Pre 注意力模块的理论迁移到每节课的教学中，力争每节课都能有一个小环节让学生动起来，让课本的内容活起来。

首先，合理利用游戏，配合拼音教学。拼音字母的字形记忆对于孩子来说是个教学的难点。之前的语文课堂中，常常用编小儿歌的方式记忆字形突破难点。这些儿歌因为是成人编的，所以对于孩子来说并不上口。

“汉克的伪装”和“捉迷藏”两节课中的游戏启发了我，孩子们很兴奋，也很愿意在途中找到汉克和多莉。在这个过程中，他们的观察能力也得到了提高。于是我利用了语文书中的插图。每课拼音的插图里都藏有这一课要学习的几个字母。我在每堂课都带领孩子们玩“找字母”的游戏，让孩子们先仔细看字母的字形，再认真观察插图，在图里圈画出藏着的字母。最后再说一说，这个字母有什么特点。

孩子们兴高采烈去找字母。不同的孩子呈现出了不同的结果。有的孩子很顺利就能找到字母，而且在观察图的时候有一定的顺序，如从上到下、从左到右，或者先找颜色鲜艳的事物；有的孩子能找到明显的字母，但是比较隐蔽的字母就找不到，如屋顶上藏着的字母“W”，乌龟身上的字母“U”等。我重新给孩子们提出了新的要求，要学会按照一定顺序认真观察图片，并推荐了《图画捉迷藏》这套书给大家。

自此之后，班里掀起了读图找图的热潮。孩子们或自己独立，或结成小组分工合作，从一张张复杂的图画里按要求找出各种事物。这个过程，既锻炼了他们的观察能力，能集中注意力做一件事，同时培养了孩子们的细心与耐心，还学会了和小伙伴共同完成任务。

其次，开展合作学习，掌握学字方法。“合作学习”一直是课堂教学的重要形式，借助合作讨论，老师能更好地推动课堂。在“魔法学堂”的课堂上，每个游戏和活动的环节都让孩子们以小组为单位谈论并展示自己的成果。因为对游戏和活动内容感兴趣，所以在讨论的过程中孩子们都能表达自己的想法。在展示环节也能互相配合，语言能力强的孩子说，语言表达相对弱的孩子进行简单补充。在这个过程中，孩子们学会了表达，也学会了倾听。语文课程的性质决定了小组合作学习要选择合适的教学环节进行。我在学习生字的环节设置了小组合作学习。

我提出要求：4个人为一个小组，共同学习本课书的3～4个生字。4个人自主分工，一人负责组词，一人负责提醒易错处，一人负责记字形，一人负责读准拼音。小组展示的时候，组内成员可以自由补充，组外同学也可以自由补充。

在实际操作过程中，有的小组提出了自己的分工方式。每个人负责一个生字，从音、形、意、写四个方面进行记忆，其他成员进行补充。尝试之后发现，这种方式更适合小组成员识字量比较小、学习生字稍有困难的孩子，降低了同时学习4个字的难度。

于是，我把这两种分工方式都告诉给孩子们，让孩子们在小组内通过民主的方式进行选择。孩子们参与度很高，展示的时候也充满了热情。利用这样的学习方法，使本来枯燥的学习生字环节从单一老师讲授，变成了学生自主学习，调动了孩子们课堂的参与性与积极性，收到了很好的效果。

三、经验与反思

一个学期的教学实践之后，A－S－K“魔法课堂”给一年级的课堂带来了很多的变化：

首先，游戏和活动贯穿课堂。“魔法课堂”的教学目标都是通过一个又一个游戏和活动实现的，这些游戏和活动的设置，遵循从易到难、由简入繁的原则，调动了学生的积极性，实现了玩中学、玩中做。

其次，教学形式灵活有趣，贴近儿童。“魔法课堂”以孩子们熟悉的《海底总动员》故事和主人公导入学习，把孩子们带入了动画的情境中，让孩子们在情境里完成一个又一个任务，把自己代入魔力世界中。我们的学生是才从幼儿园毕业来到小学的一年级新生，他们需要这样的教学形式来帮助自己完成幼小的过渡和衔接。

最后，鼓励学生积极参与。“魔法课堂”的设置更好地让孩子们在40分钟的课堂上集中注意力，在他们可能因为疲倦而注意力转移的时候用另外的活动和游戏调动了他们。这样的游戏和活动并不是几个代表参加的，而是全员都要参与进来。孩子们的参与感非常强，自然学习的收获就大。

“魔法课堂”不仅能对学生注意力进行培养和训练，而且能给日常的语文教学以启发。“魔法课堂”的理念融入语文教学环节，能让课堂更加生动有趣，更好地调动学生的积极性，参与课堂。“魔法课堂”和语文课堂教学结合能否更加深入，接下来将是我们的研究重点，尝试将“魔法课堂”的环节应用在语文阅读和表达的教学中，例如在小组展示环节锻炼学生的口语表达能力，引导其他学生学会倾听，能在倾听过程中思考并提出问题，从而完善思维。

（马　岩）

关于 A－S－K 共创课程的几点反思

《义务教育语文课程标准》指出：低年级的识字教学要让学生“喜欢学习汉字，有主动识字的愿望”。由此，依据文本特点，借助生动有趣的语言环境，以形声字教学为主体，着力体现识字教学的多样化。教学中，将分类识字与随文识字紧密结合，引导学生自主发现汉字的特点，循序渐进地掌握形声字的造字规律，使学生在情境中识字，在画面中感知，在通读中理解，在游戏活动中习得识字方法，从而激发学生的识字兴趣，从喜欢汉字走向自主识字。

一、对 A－S－K 课程的认识

今年的一年级教学和以往不同。因为今年有北京教科院的导师们指导我们工作，帮助我们培养学生的注意力和创新能力，帮助学生顺利完成幼小衔接的过渡。

最开始接触这个课程我确实比较迷茫，不太清楚应该怎么去上这个课程。但是在听了导师与专家的介绍后，我的思路也慢慢打开了，并且我自己也像孩子们一样慢慢爱上了这个课程。

二、A－S－K 课程学科迁移实践

A－S－K 课程的设置非常符合孩子们的接受水平，同时也非常吸引孩子们。比起传统的课堂，孩子们更喜欢 A－S－K 的课堂模式。所以在进行 A－S－K 课程教学的同时，我也在思考如何将这样的课堂模式融合到平常教学中，使孩子们更加爱上语文课堂。

首先，借助 A－S－K 巩固拼音。讲授 A－S－K 课程注意力模块时正好是拼音教学的时期，而且注意力模块中有许多小游戏也是可以加以改进成为拼音教学的好助手。所以在拼音教学时我也运用了一些提高孩子们注意力的小游戏，比如找出通关密码。就是让孩子们在散落的拼音字母中找到可以拼成词语或者语句的字母，成为通关密码，就可以解救出被困的小动物。孩子们非常喜欢这样的游戏活动，在进行游戏的同时，不但提高了孩子对拼音学习的兴趣，而且让孩子在游戏中运用了拼音。

其次，创设多种情境解决问题。帮助小鱼多莉解决问题是 A－S－K 课程适应力模块的一大特点，这也让我联想到语文学习中的角色表演。角色扮演是一种深受小学低年级学生喜爱的语文学习方式，更是一种在语言实践中学习语言的好方法，能激发学生的学习兴趣，让学生成为学习的主体，让语文课活跃起来。天真活泼好动的儿童有很强的想象力和表现欲，他们也非常喜爱表演课文的活动。因此，在教学中，教师常常会根据课文的内容，请学生演一演，让学生在表演中体验文本中人物的性格特征。而 A－S－K 课程正是在角色扮演的基础上让孩子将自己的行为态度注入于其他的角色中，让孩子和动画中的形象进行沟通，在帮助它们解决问题的过程中潜移默化地规范自己的行为。所以，教育孩子养成好习惯也可以用角色扮演创设情境的办法，引导孩子们发现自己或者其他同学身上的小毛病，然后更好地进行解决。

通过讲授 A－S－K 课程，我也在反思，孩子们拿着 A－S－K 课程的教材就像拿着游戏书一样，每次上完课里面的内容孩子们总是爱不释手，有些题目做完了一遍还要擦去再做第二遍，可见孩子们对于这堂课的喜爱。所以我也在思考我们课上的一些练习也可以将题目和游戏活动有机地结合在一起，使孩子们在有趣的游戏中既学到了知识又提高了孩子们的注意力。通过 A－S－K 课程的教学也启发了我，使我不断思考，对平常的教学也起到了积极的作用。小学是学生学习语文的起始阶段。特别是低年段的学生生活经验不足，活泼好动，注意力集中时间较短，常常觉得学习语文枯燥无味。为了激发他们的学习兴趣，我采用了体验式教学。

三、A-S-K课程经验与反思

A-S-K与语文学科的共创课程是本学期新增设的，把孩子们喜爱的动画形象引入语文课文的情境之中，创设各种情景使孩子们发动已有的能力帮助各种人物解决问题，从而帮助孩子们习得知识，引发探究思考。

由于这是一次全新的尝试，目前并没有成熟的课程模式可以进行参照，因此使我对此次共创课程教学有一些思考。下面我将谈一谈我的反思。一年级学生在思维方式上具有好奇心强、喜爱动手操作的特点，容易接受直观、形象的知识，更容易被游戏活动吸引。第一学期，我在教授A-S-K课程注意力模块以及适应与自信模块中发现孩子们对闯关游戏非常感兴趣，而且这些游戏会深深地留在孩子的脑海里。其实，在一年级的语文教学，老师们也会用各种有趣的游戏吸引孩子们的注意，提升课堂的效果。所以在共创课程设计初期，我就在思考如何将游戏有效地引入识字教学。在“动物儿歌”课程中，我设计教学时采用“猜猜我是谁”游戏活动，利用孩子们乐于帮助他人解决问题的特点，让孩子们通过游戏帮助多莉认识昆虫的名称并和这些生字做朋友。在看图连线的过程中，既认识了昆虫的样子又识记了昆虫的名称，提高了识字教学的效率。

上共创课的过程中，我想到了“静待花开”，每个孩子都是一颗花种子，每朵花的花期各不同。要相信孩子，静静等待，细心呵护，共同成长！

（张斌轩）

基于A－S－K理念培养和保持小学生英语学习兴趣的方法及策略

一、对A－S－K课程的认识

英语是全球使用最广泛的语言之一，已经成为国际交往和科技、文化交流的重要工具。学习英语有利于学生更好地了解世界，学习先进的科学文化知识，传播中国文化，增进与各国青少年的相互沟通和理解。学习英语能帮助学生形成开放、包容的性格，发展跨文化交流的意识与能力。

英语课程具有工具性及人文性的双重性质，既强调发展学生的听、说、读、写技能及与他人交流的能力，又能够开阔学生视野，形成跨文化意识，提高初步综合人文素养，为学生以后的英语学习及终生发展奠定基础。小学阶段英语课程以培养学生的综合语言运用能力为目标，具体包括语言技能、语言知识、情感态度、学习策略和文化意识五个方面。A－S－K课程从学生态度、知识和技能三个方面基于核心素养实践综合训练。落实到低年级学生，具体目标是让学生对英语有好奇心，喜欢学英语，能够根据教师的简单指令做动作、做游戏，并进行简单的角色表演，乐于模仿，敢于表达，了解一定的外国文化和习俗。

那么如何让学生对英语乐学、善学、会学、学而忘我，乐此不疲呢？只有当他们喜欢学、要求学，有迫切的学习愿望时，才能积极地投入学习中。布鲁纳说："兴趣是最好的老师。"学生的学习兴趣是学习的强大动力。一位成功的英语教师要在教学中有意识地培养学生对英语的持久兴趣，为语言实践活动提供源源不断的动力。

二、A－S－K 英语学科迁移

第一，做一名学生喜欢的老师，培养学生良好的学习兴趣。亲其师而信其道。一般来说，学生对某位教师喜欢，也往往会喜欢上这位教师的课，并能主动接受这位教师所传授的英语知识，课堂气氛也就相对活跃，学生的学习兴趣就会油然而生。

首先，教师把微笑带进课堂，让学生亲其师。教师一个友好的微笑，一句体贴的话语，一个会意的眼神和一个轻微的触摸，都会使孩子们感到格外亲切。基于 A－S－K 理念，教师若能把微笑带进课堂，把欢乐带给学生，学生就会格外亲近教师，格外喜欢教师。他们特别愿意接受教师说的话，愿意模仿教师的爱好——英语。

其次，教师尊重爱护每一个学生，让学生信其师。A－S－K 理念下，教师不以教育者自居，不以强制的手段——训斥、羞辱、向家长告状等强迫学生服从教师的意志。强制性的教育很容易伤害学生的自信心、自尊心，引起学生对教师的反感甚至恐惧，也容易扼杀学生的学习兴趣。教师应通过自己的言行、表情传递给学生亲切、鼓励、信任、尊重的情感信息，使学生不怕出错，敢于开口说英语。同时教师的尊重、爱护，有利于学生保持良好的心境，有利于保护学生的自信心、自尊心，有利于取得学生的信任，对培养学生的学习兴趣有很大的作用。

最后，参与学生活动，做学生的朋友，让学生爱其师。教师除了在课堂上与学生进行情感交流外，教师还要重视与学生课堂外的情感交流。若能参与学生的课外活动，更能引起学生的感情共鸣。教师和学生共同分享成功的欢乐，分担挫折的烦恼，做学生的朋友，让学生觉得可以和老师无话不说、无事不谈，达到师生关系最佳的状态。师生关系直接影响和制约着学生的情感与意志，融洽的师生关系，可以从感情层面上培养学生学习英语的兴趣，

第二，A－S－K 课程营造和谐、宽松、愉快的教学气氛，培养学生的学习兴趣。首先教师上课要情绪饱满，营造和谐、愉快的课堂气氛，带动学生学习的积极性，激发学习的兴趣。教师是学生学习情绪

的主导者。营造良好的课堂气氛，首先，要求教师在课堂上要情绪饱满，充满自信。其次，关心鼓励，树立学生的信心，营造宽松、和谐的课堂气氛，增进学生的学习兴趣。在课堂上如果反复给一个学生纠正错误，就会挫伤学生学习英语的积极性和自信心。从心理角度讲，当人们的心理压力小的时候，他们语言学习的效果就比较好；如果人们的心理压力很大，甚至紧张焦虑的时候，即使他们表面上看起来好像在做练习，但是所学的语言却不会进入头脑。而是被“过滤”掉。因此，学生语言实践的任何尝试，教师都应该采取鼓励态度。最后，明确告诉学生，错误是不可避免的，并没有值得羞愧的地方。所以我常常微笑着耐心地听完学生不正确、不流利的句子，及时制止其他学生的嘲笑，保护说错学生的自尊心，保护他们学习英语的积极性。努力营造轻松、宽容的气氛，让学生更好地学习语言。果然，学生们学习英语始终保持着浓厚的兴趣，课堂发言积极热烈，会话表演争先恐后，形成了良好的英语学习的气氛。

第三，精心设计教学，激发学生的学习兴趣。

首先，适当使用肢体语言，就是借助人们的身姿、动作和面部表情等来表情达意。使用无声的信息系统符合小学生记忆中最重要的思维形式——形象思维。例如，当学生回答问题时教师轻轻点头，即对学生的答案做了肯定；如果微笑着轻轻摇头，就表示：“你的发言有错误，再想想。”这比直接说“你错了，还不注意听讲”更容易让学生接受，而且有鼓励作用。另外，教师在教学过程中若能把教学内容同时用肢体语言诠释出来，更能激发学生的学习兴趣。我在教歌谣时，先设计好动作，然后让学生在说的同时能够随着节拍拍手跳跃活动起来，这样学生学习时兴趣盎然，学得愉快，学得有效。倘若老师讲课像背书一样，毫无表情，势必单调乏味，导致教学效果大打折扣。

其次，A－S－K课程通过说一说、听一听、唱一唱、演一演的循环模式，让学生体验语言文化，训练语言技能。A－S－K课程定位是，把英语歌曲与英语知识、技能及文化体验融为一体，能够娱悦学生身心，提高学生学习英语的兴趣，同时活跃课堂气氛。可以说，英语歌曲是英语教学的有效载体。神经生理学研究表明，听、唱英语歌曲并进行简单的表演可以陶冶学生的情绪、刺激大脑、激活右脑神经，给学生带来学习的快感，能够使头脑清晰、思路敏捷。小学低年级学生，将歌曲与身体动作相结合，符合学生的身心发展特点，让学生身心融入优美的旋律中，在说、唱、做和表演中逐渐形成对英语的感知能力和良好的学习习惯。

再次，利用直观教具和电教手段，增强教学的直观形象性。在小学英语教学中，如果只用贫乏的讲解，学生记不住、分不清，枯燥乏味，效果不佳。A－S－K英语教学利用电教手段和直观教具形象地将所学的内容展现在学生面前，不但能加强学生的印象，而且使学生感到新奇有趣。如教“watermelon”一词时，课件呈现的是西瓜的¼部分，让学生猜是什么水果；教“kiwifruit”一词时，将猕猴桃包在手绢里让学生摸一摸；教“pineapple”一词时，让学生尝一尝，学生在兴趣中很快学会了新词。在复习单词时，运用Missing Game的游戏，大大吸引了学生的注意力。教师针对小学生的年龄特点，在教学中强化学生的视听感受，让他们听，让他们看，让他们摸，充分发挥多种感官的作用，引发兴趣、激发求知欲，让学生全身心地投入教学活动中。

第四，采用新颖有趣的游戏吸引学生的注意力。好奇心强、求知欲望是小学生的一个重要的心理特点。这就需要我们善于用新颖有趣的教学方法引发他们对学习内容的好奇心，从而神情专注、兴趣盎然地投入学习中。在教学动物类单词时，我收集一些动物的声音让学生猜猜是什么动物的叫声。学生新奇之余，颇有兴趣。

第五，组织快节奏、多形式的课堂A－S－K活动，让学生活跃起来。单一、古板的课堂教学，只能让课堂变得枯燥乏味。好的英语课堂教学应该是有节奏、灵活多样、丰富多彩的。教育心理学告诉我们，小学生的注意力易分散，持续有意识注意时间不超过20分钟。一旦教学方法呆板，就会出现学生做小动作或小声讲话等不良习惯。为避免这一现象，教师应抓住注意力集中的短暂时刻，组织形式多样的课堂活动。例如在学习“I like ...”句型时，我让学生分成四个大组进行比赛，每人用“I like ...”句型练习说一句话，如：I like apples. I like pears ...。比一比哪一个小组用时最短，说得最准确。

第六，创造愉快情景，让学生动起来。机械地学单词，练习句型，会引起学生的厌倦感，若能把学生生活情景搬到课堂中，以真实的生活感染学生，会引起学生浓厚的学习兴致。我在讲句子“Weak up, Peter. ”前，首先在教室摆放一些家庭用品，让学生假装睡着了，我叫醒他，学生在情景中理解并学会了新知识。我在讲“Hi Peter, let' s go to school together. ”“ OK, let' s go. ”时，先用课件展示史家小学的图片，后走到学生的身边进行提问，然后让回答问题的学生随我一起走到另一位学生身旁提问，随后加入我们的队伍，全部学生都积极参与这项练习，使课堂的形式和气氛都活跃起来。

三、效果

首先，A－S－K 课程理念下的教学，让学生感受到学会的乐趣，获得成功的体验，保持学生的学习兴趣。要想使学生获得持久的兴趣，还要让学生感受到学会的乐趣，让学生获得成功的体验。一方面，教师在教学中要做到“小环节，多台阶；多变化，多鼓励”。即：将每个教学环节分解为几个小环节，做到宜精宜小，每个小环节都紧扣教学内容，且做到环环相扣，层层接近，为学生搭好学会的台阶，感受到会学的乐趣。另一方面，在教学中，教师要注意因材施教，对不同的学生采取不同的要求，让所有的学生都有成功的体会。对于好学的学生，在“引”字上下功夫，在授课时可以加大难度，让他们不断受到新的信息刺激，同时让他们在课堂上发挥示范的作用，成为英语学习的榜样；对中等学生在“导”字上下功夫，让他们以尖子生为榜样，在课堂上积极主动地学习、探索；对于学习困难的学生在“帮”字上下功夫，适当放慢速度，查漏补缺，甚至是“开小灶”，让他们在教师的耐心帮助下充满信心，一步不落。同时，对于他们的提问要保护其积极性，简单的问题要尽量留给他们，吸引他们的注意力，逐渐培养他们的思维能力，同时要及时肯定他们。总之，让不同层次学生都有事可做，遇事能做，做则有收获，获得成功的体验。学生有了成绩，得到了老师和学生的肯定，乐此不疲，英语学习自然成为孩子们的享受。其次，组织生动活泼的课外活动，A－S－K 教学方法让英语的应用价值巩固学生的学习兴趣。苏霍姆林斯基说过“兴趣的源泉在于运用”。为了巩固和增强学生学习英语的兴趣，给学生更多的机会运用英语进行交际，教师应设计和组织内容丰富、形式多样的课外活动，如朗诵、唱歌、讲故事、英语会话表演、演讲、小剧本、英语角等。通过活动让学生把所学的知识用于实际，使学生认识自我，取得不同程度的成就感，增强其自信，也增添了学习英语的兴趣和乐趣，变“要我学”为“我要学”，进而长久保持其对英语学习的兴趣。

总之，英语学习，兴趣为先，学生语言能力的高低在很大程度上受制于英语学习兴趣。作为英语教师，一方面要向学生传授语言知识，并使他们掌握语言技能；另一方面更要重视培养和保持学生对这门学科的兴趣，以获得事半功倍的效果。

四、经验与反思

A－S－K 课程提供了核心素养中英语课程的语言素养，通过对学生态度、技能和知识的综合训练，培养学生的英语语言素养。小学低年级英语学科通过 A－S－K 攻关课程的设计，使教学目标更加明确。教学过程中，学生通过说一说、听一听、唱一唱、演一演的循环模式，在英语歌曲的学习与表演过程中，体验语言文化，掌握语言技能。A－S－K课程的实施让学生在实践中感受到了英语学习的乐趣，获得了成功的体验，从而保持了学习兴趣。A－S－K 课程的实施过程中，也发现有待改善的地方，比如，一年级学生刚入学在英语水平上就出现了差异，A－S－K 课程主题内容略高于学生认知水平，学习有关介绍图书馆课程时，部分学生没有听懂教师用英语介绍有关《安徒生童话》的背景知识，也不能借助图片猜测出教师所讲内容，部分孩子没有在循序渐进的过程中习得语言，失去了学习效果。今后如何在课堂上给学生更多儿童文学知识的渗透，如何将 A－S－K 课程与学校课程结合，是我们接下来要思考的问题。

（姚静文）

“魔法课堂”让学习变得真实有趣

在学习的过程中，注意力的培养占有重要的位置。注意是意识和心理活动对一定对象的指向和集中，具有集中性和指向性。儿童课堂的注意力主要是对教师教学内容的指向和集中。学生在课堂上专注与否，对个人的学习效果以及教师的教学效果有很大的影响，因此注意力的提高对于刚刚进入学校生活的一年级小学生有着重要的影响。

一、初识 A－S－K Pre 课程

在开学初，一年级校区就开展了 A－S－K 课程。A－S－K 课程体系包含的内容丰富多彩，又充满了童趣，其中注意力模块课程深深吸引了我。刚刚踏入校园的低年级小学生，对新的环境、新的人和事物都充满了新鲜感和好奇心，注意力很容易被影响，因此这个阶段是注意力培养的关键期。

孩子们在开学初就遇见了“魔法学堂”，注意力模块属于 A－S－K Pre 课程中的 S 类课程。在注意力模块的学习中，孩子们不仅能够获得专注力的提升，而且能够在色彩斑斓的海洋游戏中感受学习乐趣，这样的课程不仅孩子们喜欢，课程的开展方式也让老师们眼前一亮。

二、“魔法课堂”与语文课堂的相遇

在一年级的语文课堂上我们会看见专心致志听讲的孩子，还会看到一脸深沉皱眉思考问题的孩子，还会看到中途走神儿的孩子，就在同一课堂的学习当中，每个孩子的实际获得可就大大不同！如何让孩子们的专注力更加集中呢？这是我一直在思考的问题。

“魔法课堂”带着它的魔力来到了我们身边，改变了以往的课堂教学方式，教学内容更是吸引人，包括“认识新朋友”“找找他在哪

儿”“帮帮多莉吧”和“看谁最聪明”等内容，当看到可爱的多莉时孩子们一下被吸引过来了，随之而来的游戏活动更是让课堂变得生动有趣。情境化、游戏化的教学方式也可以引入平常的语文教学中。在轻松愉快的氛围中进行学习，培养良好的学习习惯，孩子们一定会很喜欢！

（一）利用教材插图，巧编故事

在A-S-K Pre课程中，一环接着一环有趣的故事在不断发生，就是在这样的故事与游戏中，孩子们逐渐完成注意力稳定性以及广度的培养。在这样有趣的课堂中，孩子们兴致勃勃，充满乐趣。若是将此教学特征与语文学习相连接，想必语文学习也会有一番新的天地。笔者仔细研读教材，发现在新一版的部编版小学语文教材中每篇文章都配有相应的插图。有趣插图的引入，更加激起学生了解课文内容的欲望，探索新知的兴趣。一年级孩子在汉语拼音学习中，每课所学习字母都与图片内容有着紧密的联系。对于刚步入一年级的学生来讲，进行枯燥的字形记忆有些困难，因此需要结合课本中的图片进行记忆。

每课的字母知识相对零碎，通过故事教学法将每个字母联系起来进行系统记忆，从而达到知识的整合应用。同时，这也要求教师前期做好知识的整合与运用，通过儿童化的语言，将故事传递给学生，让一个个枯燥的字母变得活灵活现。一年级上学期“i u ü y w”一课中，首先，教师设置了情景，单韵母火车送来了三个小朋友，他们分别是i、u 、ü。火车开到了一个特别美丽的地方，他们和大家玩起了捉迷藏的游戏，你看屋前有一条清澈的小河，小朋友正趴在河边看小鱼吐泡泡。河里还有一只小乌龟在悠闲地爬着。院子的周围种着许多树，院子中间还晾着一件衣服。多么温馨的小院！请同学们快来找找他们吧！教师引导学生观察图片，识记字母并练习完整表达。其次，教师进行知识延伸，i和u的妈妈y、w也乘着火车来到了这个美丽的地方，快来帮助他们找到自己的妈妈吧！i和u都找到了自己的妈妈，他们和妈妈形影不离，成了整体认读音节yi和wu，但是你有没有发现有个孩子很孤独？最后，教师帮助学生进行重点学习，这时的小ü没人带，开始大哭，眼泪一直流，非常伤心，于是大 y 见到了急忙来帮忙，他们在一起便有了整体认读音节 yu。在本课学习中，孩子们在充满童趣的故事中认识了抽象的概念，并对一系列知识进行记忆，让学习变得充满乐趣，印象深刻。

（二）活动游戏促进儿童思维与表达

“学起于思，思起于疑”，孩子们在不断学习与思考中获得发展。在 A－S－K Pre 课程中，学生们参与了很多游戏互动，在第三节“帮帮多莉吧”这一主题中设置了“找不同”“拜访螃蟹家族”“前往克利夫兰的标志”“多莉的管友”和“飞越喷泉”五个有趣的活动，每个活动都是在不同问题引导下进行的，孩子们将注意力集中在问题中，不断进行挑战。语文教学亦如此，要在教学活动中创设障碍和疑问。如果整个教学活动没有任何的难点，没有给学生独立思考的机会以及主动思考的空间，学生在这样的课堂中很容易出现注意力分散的现象，所以在平时的语文课堂中要擅长运用问题，调动学生的求知欲，探索新的知识。在《明天要远足》一课中，我将题目通过多媒体展示出来，随后便问：“同学们，当你们看到这个题目后，有什么疑问吗？”孩子们思考片刻，开始纷纷举手进行提问：“远足是什么意思？”“那谁要去远足呢？”“远足要去哪里呢？”“他们会看到什么样的景色？”……在课程一开始便吸引了学生们，学生们开始主动进行提问，开启了一场探索之旅。正是这一个个小问题，带领着孩子们走进这篇课文，发现课文中的“秘密”。在这样的学习中，孩子们集中注意力，互相帮助，不断探索着，也在无形之中促进了学生思维品质的提升。

三、教学效果

学生在学习过程中提高了学习的积极性，乐于参与课堂活动，课上高高举起的小手是对课堂大大的认可。枯燥的知识学习也变得生动有趣。课下我也经常听到孩子们在大声讨论，给拼音王国的字母们续编故事，讲给好朋友听。孩子们在无形之中不仅有知识上的获得，而且锻炼了表达能力。

在课文的学习中，学生们不只是对文本的朗读，还学会了从“是什么”“为什么”“怎么样”等问题入手去思考问题，在问题的引领下更好地理解课文内容。孩子们就像是在闯关的游戏中面对每一个问题，体验每一个关卡带来的兴奋与刺激，在各个小秘密中摸索前进。学生们在学习其他课文时，也会多问几个为什么。

四、经验与反思

在开展“魔法课堂”的过程中，总是能够看到孩子们专注的眼神，参与游戏时的跃跃欲试，发言时的畅所欲言，趣味、轻松、自信、快乐……让整个课堂变得异彩纷呈。通过借鉴“魔法课堂”的教学理念，语文课堂的学习也别有一番风味。综合以上内容，在“魔法课堂”的学习中，孩子们的注意力在不断提升着，也渐渐适应了一年级的学习与生活。

（一）符合儿童认知规律，抽象问题具体化

根据皮亚杰的发展阶段论，一年级的儿童处于前运算阶段，在这一发展阶段中，儿童的思维能力在逐步提高，以自我为中心的问题倾向减弱，但还是不能够进行抽象思维。无论是在“魔法课堂”，还是在平时的学科教学中，教师都应该根据儿童的认知水平进行设计与实施。在“魔法课堂”中，我们感受到了课堂的乐趣，结识了多莉，也认识了很多生动有趣的卡通人物，一个个生动有趣的活动将学习与生活联系起来，生活化的场景更加具体，更加真实，也更加容易被孩子们接受。

在“找找他在哪儿”一课中，设计了包含捉迷藏、找不同等贴近儿童认知并易于理解的活动，孩子们很快进入状态，达到了对注意力的练习。因此，在日常的教学活动中也应将抽象问题具体化，使之符合孩子们的认知发展规律，提高课堂效率。

（二）活动形式多样，语言风格儿童化

“魔法课堂”为学生们提供了丰富多彩的活动，在游戏中享受着快乐学习，培养注意力。首先，活动形式多样。在丰富多彩的活动中，

大部分学生能够参与其中，不仅吸引了学生们的兴趣，而且让真实有效的学习在潜移默化中发生，提升注意力的广度。其次，活动形式由易向难逐渐递进，为学生的发展提供阶梯式、螺旋式的上升支持。在不同程度的活动中，每个学生都能够体会到收获的快乐，激发学习兴趣，探索更多未知，让注意力在一个持续过程中得到培养。最后，在活动中教师授课的语言风格更加偏向儿童化，让学生乐于接受，贴近生活。“魔法课堂”充分发挥了多媒体的优势，教师将生动的图片与儿童化的语言相结合创设学习情景，激发学生参与课堂活动。

（三）评价内容丰富，主体多元化

《义务教育语文课程标准》提出，在实施评价的过程中，应注意将教师评价、学生自我评价与学生间互相评价结合起来。注重学生自我评价，加强学生之间评价，让家庭与社会也参与评价活动。“魔法课堂”在实施过程中将课堂的评价内容与主体变得更加多元化，有老师与学生之间的交流评价，也有同桌、小伙伴的互相评价，还有孩子们的自我评价。在互相交流中，孩子们更加全面地了解自己，提升了自信心，同时也增加了学生学习的积极性，提高课堂注意力，产生了积极效应。

（刘　佳）

依托 A－S－K 课程理念
提升语文课堂实效性

一、对 A－S－K 课程的认识

低年级语文课堂常常可以看到这样的场景：发言的学生讲得津津有味，别的学生或东张西望，或挤眉弄眼，或旁若无人地干着自己的事；一位学生的发言还没有结束，旁边的学生却高高地举起了手，大声嚷道："老师，我来，我来……"；合作学习时，老师的要求还没有说完，学生已迫不及待地展开了讨论，老师的后半句话往往淹没在一片声浪中……

这些现象的发生原因就是孩子注意力不够集中，我们的课堂设计激发不了学生的学习热情，造成他们注意力分散，心不在焉、视而不见、听而不闻。这时 A－S－K Pre 注意力模块课程顺应需求，A－S－K 是基于核心素养下的课程，A－S－K Pre 是其一个重要模块，其注意力课程从技能训练着手，设计课程，以提升学生的注意力。A－S－K Pre 注意力模块课程弥补了当前以课程为依托全面促进幼小衔接实践研究的不足，有利于一年级学生顺利过渡幼小衔接。

二、A－S－K Pre 注意力课程语文课堂的尝试与效果

在北京教科院老师们的指导下，我们上了 4 次注意力训练的专门课程。在第一次课上，学生们带着任务观看动画片，任务是：看完后争取能介绍出每个动画人物的主要特点。此时学生看得特别认真。在后面的几次课上，我发现学生在"找不同""走迷宫""做对比"等游戏中学习起来兴趣盎然，课下还饶有兴趣地谈论思考着，第二天追着我问下次讲什么内容，什么时候上。真是兴趣高涨啊！

在A－S－K课程理念的影响下，我深刻地认识到，要想让学生爱上语文课，提升课堂实效性，必须转变教学方式，让教学方式顺应孩子的年龄特点。下面我来谈谈我的具体做法：

首先，让虚拟的多莉成为学生的良师益友。在A－S－K课程中有个神奇的人物——多莉，她的身份是多变的，一会儿是学生们的学习伙伴，一会儿摇身一变成为学生的导师……学生们对她有着亲切感，对于她的话信任、重视……所以，很多时候多莉成了孩子们的人生导师。

为了提升学生倾听的心态，开学初我借助多莉这个神奇人物之名将“聪”字引进课堂。我制作的PPT上面有一个大大的“聪”字，插入多莉的画外音：“聪明的孩子首先是一个善于倾听的人，因为‘聪’字把大大的耳朵摆在第一位，会用耳倾听的孩子才是聪明的孩子。其次呢，聪明的孩子还要会用眼看、用心记、用口来表达。”

接着，我把用田字格书写的“聪”拿出来，对学生说：“看，多莉还让我把她亲手书写的聪送给大家。”孩子们可高兴了，从他们的眼神中看到了他们的信心。

从此，学生果然比平时听得更认真，而当他们忘了专心倾听时，我就会意味深长地指一指黑板上的那个“聪”字，他们则会意地笑一笑，马上改正了。后来，这个“聪”字就一直留在黑板上，孩子们舍不得擦，他们说：“我们想把这个字留住，因为这是多莉送给我们变聪明的方法。”

课堂上，多莉又成为孩子们的学习伙伴，例如教学“一起做游戏”时，多莉全程参与其中，一会儿邀请同学们给她讲述游戏的规则，一会儿又和孩子们沉浸在游戏的快乐之中。一个虚拟的多莉让语文课堂上的孩子们一会儿成为倾听者，一会儿成为小老师，在享受课堂快乐的同时，提升着自己的自信。

其次，赋予文字“生命”，让课堂“活”起来。A－S－K课程是以发展学生核心素养为目标的，为学生终身学习和发展、适应未来社会奠定基础的课程体系。而A－S－K沟通与合作模块的课程价值在于教会学生如何进行人与人之间的沟通与合作。课程中模拟真实情境，让学生体验沟通、合作的过程，感受沟通交流与团队合作的重要性。基于以上理念的影响，为了提升学生的表达能力我做了以下尝试：

第一，制作课文插图，激发对话热情。教学《我是一只小虫子》课文时，充分调动学生的学习兴趣，把他们一个个引入神奇的昆虫世界，去感受、去领悟作为小虫子的美好。以课文第3自然段的这句话为例："早上醒来，我在摇摇晃晃的草叶儿上伸懒腰，用一颗露珠把脸洗得好干净，把细长的触须也擦得亮亮的。"

教学时我把课文利用电教手段制成连环画的形式。然后引领学生走入情境，进行情景对话。以下是当时的课堂实录：

师：快看，早上醒来，小虫子在做什么？

生：伸一个大大的懒腰。

孩子们，你也快来伸一个大大的懒腰！

师：小虫子，你昨晚睡得好吗？

有的说：我睡得可好了，还做了一个甜甜的梦呢！

有的说：我睡得也可好了，浑身精神气爽！

还有的说：我睡得也可好了，这摇摇晃晃的草叶就是我舒服的床！

……

师：那小虫子，请你快把你的感受读出来吧！

出示：早上醒来，我在摇摇晃晃的草叶儿上伸懒腰。

师：小虫子还做了什么？

生：用一颗露珠把脸洗干净。

师：小虫子，用露珠洗脸什么感受？

生：用露珠洗脸可舒服了！

生：用露珠洗脸可凉爽了！

生：在炎炎夏日，我用晶莹剔透的露珠洗脸真是太凉快了，你也来试试吧！

师：请你们带着自己的感受在来读一读这段话吧！

在整个过程中，我借助画面激发孩子的学习兴趣。同时通过孩子表演伸懒腰，变换角色的对话，既演绎了文本，理解了词句，还使整个课堂充满童真，孩子参与度高，使学生和文本之间产生巨大的"磁场”，唤醒他们真切的感触。把自己的积累运用到谈话中，例如最后那位同学对“炎炎夏日、晶莹剔透”词语的使用。

引导学生通过图画内容想象图画背后的事物，在灵动的对话中入文、入境、入情，顺利地走近课文所呈现的美好故事，并在这样的情境中去表达自己想象到的，最终感受到作为一只小虫子还真不错。

第二，借助插图，仿照课文，进行创意表达。以《明天要远足》为例，学完1、2小节后，我引导学生观察书中第94页的插图，提问：“小女孩还会想到了什么?”此时，学生打开了思路，一个个成了小诗人，那地方的美景就被孩子还原到了黑板上。面对如此的美景，对小女孩的心情也感同身受。在这样交流碰撞中，孩子们积累了词语，发展了思维，表达能力也随之提升了。

第三，研读教材，抓住文本“空白点”进行创意表达。作为交往的载体，课堂交往能否很好地进行，起到十分关键的作用。利用教材训练学生的口语表达能力是行之有效的办法。在一篇篇课文之中，有些课文的有些地方写得含蓄或简练，留有悬念，让学生有了想象、延伸的空间。我抓住课文的这个特点让学生进行说话、写话练习。还以《我是一只小虫子》第3自然段中的一句话为例：“如果能小心地跳到狗的身上，我们就可以到好远的地方去旅行。这可是免费的特快列车呀!”让孩子们把自己当成小虫子，进行想象说话：“坐上免费的特快列车，我来到……看到……”孩子们触景生情，他们的表现让人诧异，他们的想象力也令我折服。

通过学生的遐想，把想象变成有声的事物，赋予静止的文字以生命。同时孩子们的已有认知被充分调动，平时的积累在此刻得到展现，真是精彩绽放。

三、经验与反思

在A－S－K课程理念的影响下，我深刻地认识到，要想让学生爱上语文课，提升课堂实效性，我们必须转变教学方式，只有让其顺应孩子的年龄特点，才能真正达到乐教、乐学。

依托A－S－K课程理念，我力争做到培养学生的三个核心能力，即实践能力、融合能力、创新能力。坚持“让学习更快乐，更高效”的教学理念，创造快乐的学习氛围。让学生全面参与，行为参与（手动、口动）、思维参与（脑动）、情感参与（心动、情动）。让孩子感受到课堂中的“新、趣、活、实、美”，在课堂中受益更多。

（翟玉红）

在 A－S－K 课程中感受学习的小快乐

一、初识 A－S－K 课程

该课程是从态度、技能和知识三个维度进行进阶式培养。这次我们和北京教科院合作，共同来完成这个课程。这个课程的实施，为孩子今后的健康发展打下了坚实的基础。一年级孩子年龄小，专注力较差，但是求知欲却很强，抓住他们的这一特点，利用 A－S－K 课程的开展，让孩子们感受到学习中的小快乐。

二、A－S－K 跨学科学习的初步探索实践及效果

第一，进行跨学科实践活动——与音乐学科融合。利用《拔萝卜》这个素材，我们可以开展一次跨学科的综合实践活动。在课前我们可以邀请音乐老师带着孩子们唱一唱这首歌，可以邀请美术老师指导孩子做一做头饰或者小标牌。读完这个故事之后，可以让孩子们大胆地想象，例如可以通过模仿小狗和小猫帮忙情节补充其他的内容。之后，可以让孩子看看《拔萝卜》动画片，和音乐、舞蹈相结合。孩子们分组自己创作“音乐剧”，自己设计演员表，书上的故事一共有五个角色，有的小组是六七个同学，孩子们可以发挥自己的想象，多设计几个后续的角色，做到让每一个孩子都有角色饰演。

迁移与融合的效果：孩子们讨论协作分工，分配角色，安排上场的顺序，体会合作学习的快乐。想要演好这个音乐剧，孩子们要认真地读故事，自己从故事中找出出场的先后顺序，还要注意观察“萝卜”的状态，萝卜动作多大、多小都是有学问的。老爷爷一个人拔的时候，萝卜纹丝不动；老婆婆来了，萝卜动了一点点，但还是拔不出来；小姑娘来帮忙之后，萝卜的状态又是什么样子的；等等。这些都

需要孩子们去思考。思考的依据是故事里的语言文字，所以，孩子们的表演其实就是对语言文字的一种理解，是思维发展的一个过程。

第二，进行跨学科实践活动——与美术学科融合。孩子们在学习《影子》时，通过儿歌中的字词知道了“前后左右”；在学习园地六中的“读一读，背一背”之后，知道了方位词“东南西北”。在此基础上，我们可以设一个语文、数学、美术、体育等多学科实践活动——“我不是小迷糊，我能弄清方位”。在入学教育时，学校对孩子们进行了“爱学校，爱老师，爱同学”的三爱教育，并进行了“说一说、画一画我们的校园”活动。利用这两点，美术课上学生通过画自己眼中的操场、教室、楼道等，表达对学校的喜爱。当然，孩子们的画可能很简单，也许就是简单的线条。我们可以让孩子们讲一讲，讲的时候试着用一用词语“前后左右，东南西北”说一说画中各个地方的位置。例如，画教室的孩子想说一说书架的位置，他可能就会说，我们的教室后面有一排书架；画操场的孩子想说一说教学楼的位置，他可能就会说，操场的北面是教学楼……这样既能说清左右、东西，又可以进行语言训练。最后我们还进行了“话（画）校园”画展。除此之外，孩子们还可以动手画一画自己的家、书桌、书柜，或者可以拍下照片，试着利用知道的、学过的方位词为大家进行介绍。

迁移与融合的效果：在这个活动中，我们采取了多种方式、多种角度进行实践活动，可以培养孩子的听、说综合能力。

三、经验与反思

通过A－S－K课程的前测和后测得出的分数对比，不难看出，孩子们还是有相应的提高。分数提高较多的孩子，基本都是一些在课堂上思维活跃、积极参与的学生。而分数还相对较低的孩子，我也会在下一阶段的训练多给予他们更多关注。通过A－S－K的学科迁移与融合，可以让我们的语文学科在实践活动中与多学科进行迁移、融合，再整合，让语文教学依据课标，源于教材又高于教材，在基于生活体验的语文学科实践活动中提升教学效果，使学生的语文功底得到加强。以上是我在A－S－K课程中的一些感受。

《用多大的声音》是一节情境教学课，讲述什么时候要大声说话，什么时候要小声说话，不同场合该用不同的音量说话。可以拓展到见到长辈怎么说话，多大音量；见到自己的幼儿园小朋友了，应该怎么问好。给孩子们创造不同的情景，根据具体场合，用合适的音量与他人交流。同时也要懂得，根据不同的场合，采用恰当的音量说话是文明礼貌的表现。我利用课堂教学做一延伸，设计成一节学科实践课“课本剧”。孩子们自由组合，自己当演员、当导演，设计情境、剧情、对话。例如，有的孩子设计的课本剧是《山羊的一家》，讲的是某天晚上，小白兔的妈妈突然生病了，小白兔的爸爸还没有回来，小白兔到小山羊家请求帮助。通过小白兔、山羊叔叔、小山羊之间的对话，懂得什么样的场合应该用什么样的语气和音量说话。

联系学生的生活实际，理解课文内容，从学生的经验世界入手，调动他们的情感，结合生活实例，加深体验和感受，留心观察，生活中处处都有学问。

生活中我们会遇到很多的小困难，我们想做但是需要自己动脑筋想办法才能做到的事情，学生可以用不同的形式和大家交流，可以说出来，可以画出来，可以写出来。但是，不论最后用什么形式呈现，我们都不要忘记“语文的根本”，一定要在语言表达、思维发展上下功夫。

教师要跟学生有交流，聊一聊在生活中遇到了哪些小麻烦，有哪些需要解决的问题，提出来，大家想想办法。例如，有的同学在家里吃瓜子的时候，总是把瓜子壳弄得满桌子都是，妈妈总是说他，大家集思广益，想出了一个办法，用纸折了一个小盒子来装瓜子壳。可以和美术课结合进行跨学科的实践活动，在美术课上，用彩纸折个纸盒，再画些小装饰。这项活动中孩子们可以相互交流提问，做手工的孩子可以给大家介绍：“这个小盒子是谁教自己做的?”“用它可以做什么呢?”听的同学可以提问：“你可以教教我怎么折吗?”孩子们既动手实践了，又锻炼了口语表达能力，发展了语言。《猴子捞月亮》一文，猴子们都以为月亮真的掉进了井里，一起想办法想捞出来，结果月亮还好好地挂在天上呢。这样一个有趣的故事，可以进行亲子阅读，在家里和爷爷奶奶、爸爸妈妈一起分角色朗读，体会这个故事的有趣之处。根据《猴子捞月亮》故事，想想家里有什么问题需要解决？你有没有办法解决？例如，有的孩子说自己家的水管子总是“滴答、滴答”地漏水，用什么办法解决？有的孩子就会出主意：让爸爸拧一拧，给物业打电话，等等。用一两句话表达出来：“自来水管漏水了，浪费水多不好呀！怎么办呢？给物业的叔叔打个电话吧，物业的叔叔修好了，水管不漏水了。”不仅想出了办法，还用语言表达了出来。

（潘　璇）

借助插图培养孩子的注意力

一年级是学生注意力培养的关键时期，提升学生的注意力水平，有助于提高学生的学习成绩，养成良好的学习习惯。培养一年级学生的注意力，教师需要通过对学生了解，掌握适合低年级学生的教学方法，对症施教，逐步引导学生养成良好的学习习惯。

一、对 A－S－K Pre 注意力课程的认识

A－S－K 课程就是基于孩子们的核心素养要求，针对九年义务教育进行整体设计的系列课程。其中 Pre 注意力模块课程，就是专门针对注意力加以训练与培养的课程。在课程中，着力加强孩子们注意的稳定、注意的广度、注意的转移，以及注意的分配。希望能帮助孩子们在未来的学习中更高效，获得发展上的更大可能。

一年级学生所持有的年龄特点，是其有意注意力占主要地位，并以形象思维为主导。A－S－K 课程在教学中按照“认识新朋友—找找他在哪儿—帮帮多莉吧—看谁最聪明”的顺序授课。通过每堂课设置的闯关游戏，提升学生注意力的广度和稳定性。

二、A－S－K 课程在语文学科中迁移的实践及效果

受 A－S－K Pre 注意力模块课程的启发，我将其课程的直观性、趣味性、互动性的特点植入语文教学活动中，通过绘本借助插图培养孩子的注意力。

（一）通过绘本培养孩子的注意力

首先，观察绘本。绘本之所以不同于其他的儿童文学，简单地说，是因为它图文并重。但是在读绘本时，很多家长只关注到文字，那些

精美的插图并没有起到作用，所以拉回孩子的第一要点就是——观察图画。

以《小蜗牛》一课为例。《小蜗牛》是一篇童话，以一只可爱的小蜗牛和它慈爱的妈妈之间有趣的对话呈现故事情节。课文语言浅显，通俗易懂，是本套教材首次出现的一篇没有全文注音的课文，配有4幅色彩艳丽、季节特征明显的插图，以连环画的形式呈现，以培养学生看图学文、自主识字、独立阅读的能力。上课伊始，让孩子们读课文，找到描写四季特点的句子：春天小树发芽了，夏天小树长出了碧绿碧绿的叶子，秋天树叶全变黄了，冬天树叶全掉了。随后出示4幅图，让学生把它们贴到黑板的相应位置上，并说一说贴的理由。这样就完成了整体感知，图文对应读句子并贴图的任务。通过观察春天的图片，想一想小蜗牛在去小树林的路上都看到了什么？你能看图说一说吗？让学生用“小蜗牛爬呀爬，它看见……”来进行说话训练。

学生是这样说的：

小蜗牛爬呀爬，它看见小燕子从南方飞回来了。

小蜗牛爬呀爬，它看见路边的桃花都开了。

小蜗牛爬呀爬，它看见河里的冰都融化了，小鸭子在河里游来游去。

孩子们通过欣赏生动的图画，对课文产生了兴趣，注意力的稳定性得到了巩固。

其次，用好绘本的留白。什么是留白？留白一词，本意是指书画艺术创作中有意留下相应的空白，留给欣赏者想象的空间，现在，很多艺术创作会有不一样的留白，绘本亦然。其实，绘本的画面是比较有限的，但它的“画外之音”又是极为丰富的，如果能挖掘出绘本中的这些“留白”，将会收到意想不到的效果。比如，绘本《小兔运南瓜》——第1幅图，小兔在路上看到了一个大南瓜；第2幅图留白；第3幅图，小兔把南瓜运回了家。在完成这个绘本故事时，老师可以启发孩子们：“小兔用哪些方法把南瓜运回了家。”首先让孩子们认真观察图画，然后提问：“什么时间、地点，谁看到了什么？”孩子们说：“小兔在回家的路上看到了一个大南瓜。”老师继续启发：“大南瓜有多大呢?”孩子们补充:“南瓜比小兔还要重。”老师继续问:“这么重的南瓜该怎样运回家呢?”可以让孩子们进行小组讨论,把内容补充完整。有的孩子说:“小兔想起车轮是圆的,可以滚,南瓜也是圆的,当然也可以滚,所以就把大南瓜滚回了家。”还有的孩子说:“请好朋友小猴子来帮忙。”也有的孩子说:“把南瓜运到车上推回家。”在这个绘本故事中,借助故事展开,采用看图补充内容编故事的形式,引导学生积极思考,展开想象,大胆说出自己想出的方法,并在多种方法中选择自己喜欢的,并说出喜欢的理由。留白,给孩子们留出了想象的空间,让孩子们有了自由表达的愿望,有了学习的兴趣,能够增加课堂愉悦的氛围,使课堂充满思维碰撞的火花。留白之处善加利用,孩子就会不知不觉进入故事,感受故事,思考故事,同时注意力的广度得到增加。

(二)借助插图,培养注意力

教材是学生练习说话的一块沃土。小学语文课本中一幅幅精美的插图往往使人浮想联翩,激情飞扬。你看那贴近学生生活的场景图,活泼可爱的小动物,美丽的景色……学生更是喜闻乐见。插图一般都能反映课文的主要内容。课堂上教师可以有意识地运用课文插图,引导学生的无意识活动,当学生入情入境,情绪处于高潮时,注意力的广度和稳定性都得到了巩固。

我在教学《月亮的心愿》一课时,进行了如下设计来学习第 3 至 8 自然段。

首先,月亮姐姐又来到了另一家的窗前,她又看到了什么呢?(出示第 2 幅图)请你们自己读读第 3 至 8 自然段。其次,月亮姐姐还听到了珍珍和妈妈的对话,请同学们自己读读课文第 4 至 7 自然段,用直线画出妈妈说的话,用曲线画出珍珍说的话。再次,指导学生朗读妈妈和珍珍的话。妈妈让珍珍不要“太累了”,珍珍都为妈妈做了什么会“太累了”呢?出示第 2 幅图,借助图画理解语言文字,看看珍珍是怎样照顾生病的妈妈的呢?(学生可能会说珍珍给妈妈打来水,帮妈妈清洗;会给妈妈拿药倒水,帮妈妈吃药;还会坐在妈妈床边看护着妈妈。）再读句子。珍珍是怎样回答的？如果你就是珍珍，你多想去郊游啊，可又放不下生病的妈妈，你会怎么读这句话？指名读句子。妈妈很爱珍珍，希望珍珍能和大家一起郊游，把妈妈的希望读出来吧。而珍珍也爱妈妈，为了妈妈，下定决心放弃郊游，又该怎样读呢？指导读句子。最后，同桌分角色有感情地朗读课文第4至7自然段。在这一教学环节，我充分利用了课文插图，让孩子们借助图画理解语言文字，体会人物情感。图中一位妈妈生病躺在床上休息，一个小姑娘给妈妈端来一盆水，要为妈妈洗脸。学生看着图，都能把图上的内容讲述清楚，但如何体会人物情感还是需要把孩子们代入情境中去。所以，我让孩子们都说一说，当自己生病时，爸爸妈妈是怎么照顾自己的？孩子们一下子都举起了自己的小手，争先恐后地发言，有的说爸爸妈妈一点一点地喂我吃药、喝水；有的说爸爸妈妈带我去医院看病，连饭都顾不上吃；有的说妈妈为了看护我，一夜都没睡。孩子们把自己的经历用生动的语言表达了出来，情绪高涨。在这种情况下，我再次出示课文插图，让孩子们再说一说自己是如何照顾生病的家人的。这时孩子的小手举得没有刚才那么高了，说得也没有刚才那么丰富了。尽管如此，我还是鼓励孩子大胆地讲一讲。通过这一环节，孩子们了解了图中小女孩对妈妈的爱，也反思了自己的行为，再让孩子们带着语气来朗读课文，就会出现声情并茂的情景。

这一环节，由插图入手，给学生创设一个情景，让学生自主学习，留给学生足够的朗读感悟空间，并且让孩子联系生活实际，讲述自己在生活中的故事，发展孩子的口语表达能力，在意境中明白要学会感恩、关爱家人，从而对文本进行了情感的升华，进一步深化主题。最后引领学生带着感情，采用分角色读、想象读等方式把学生代入课文情景，在读中展开丰富的想象，在读中体会阅读的快乐，在读中感悟人物的品质。

三、经验与反思

一、二年级学生正处于具体形象思维阶段，他们是经由图画进入语言的世界的。新教材配备了大量的彩色插图，这些插图分布在每篇课文中，每篇课文最少也有一幅，插图不仅多，而且精美，可以使学生感到学习对象的清晰鲜明、生动有趣、印象深刻，便于记忆，所以也能引起学生的学习兴趣和积极性。《义务教育语文课程标准》提出："教师应创造性地理解和使用教材，积极开发课程资源。"因此，教学中教师要找准切入点，充分利用好课文的插图，帮助学生理解课文内容，指导朗读，发散学生思维，培养想象力。基于对 A－S－K 理论的理解，把直观性带入课堂，在教学过程中，可以借助插图，开展多种形式的活动，如读美文、做小主播、演课本剧，自己创作。同学们不仅扩大了阅读量，提高了阅读能力、口语表达能力，而且延长了注意力的时间，扩大了注意力的范围，是一种高效的教学方法。

（杜建萍）

依托 A – S – K 课程理念培养学生的欣赏能力

一、对 A – S – K 课程的认识

A – S – K 课程的理念，是核心素养在小学课程的尝试。A – S – K 课程是依托核心素养理念，在学校的教学实践中发展学生的学习态度、学习技能和学习的知识。A – S – K 教育理念以培养学生态度，技能和知识为基础，以发展学生核心素养为目标。注重学生生活体验和学习经验，强调学生发展的主体性，满足学生发展需求。A – S – K 共创课程是针对学科的攻关课程，更加有利于针对课堂教学的各个环节进行深入研究。

二、A – S – K 课程理念在美术学科课堂上的实践及效果

（一）A – S – K 美术学科的实践

现在的一年级美术教学不仅要教会学生简单的绘画技能，而且还要培养学生的观察力、想象力、创造力，更加注重培养学生核心素养以及提高学生审美能力。非常幸运我能够参与 A – S – K 课程的研究，为我在一年级欣赏课教学中提供了实践与探索的机会。

在北京教科院老师们的指导下，经过与课题组老师多次讨论，选择了一年级学生的欣赏课“好看的线条”，让低年级的学生学习欣赏名画，感受中国传统水墨画的魅力。确定课程内容之后，便开始了课程的设计工作，这是共创课程的关键环节。“好看的线条”一课，是一年级造型表现领域中的一节课。我根据 A – S – K 课程，注重学生生活体验和学习经验、综合学习设计、游戏化教学的理念，制定了本节

课教学目标：（1）引导学生从自然和生活中发现并认识线条的美；（2）欣赏艺术作品中的线条，感受美；（3）在创作中用线条表达自己对生活的热爱之情。

A－S－K课程强调教学过程和方法最优化，以此突破教学重点。本节课的重点是——让学生学会欣赏的方法。让学生学会观察是学生学会欣赏的重要一步。我以此为突破口，从引导学生观察身边的线条开始，再观察艺术作品中的线条，从而联想到生活中的景象。再回到欣赏作品中去，学习欣赏的方法，感受作品表达的意境。如何达到教学过程和方法最优化，突破教学重点，也是A－S－K课程理念研究的重点。在日常的教学中更加关注并研究学生的认知规律，试图找到适合学生欣赏方法的途径。生活与创作密不可分，在这种空间不断的转换中，使学生感受到，艺术来源于生活又要回到生活中去，潜移默化地渗透吴冠中先生的创作理念，从而激发学生的想象力与创造力。

（二）A－S－K美术学科的效果

有了好的教学方法，还要在实践中不断地去完善。每次试讲都会有更深的感受，也会进一步发现问题，课后进行再设计。每节课不同的变化，都会引发学生学习的不同效果。

第一次试讲：课上发现多莉形象的导入能够引起学生的学习兴趣，在欣赏的过程中，学生对于作品《春曲》中的线条的理解想象力很丰富，都能够畅所欲言，这也超出了我在课前的预想，打消了课前一年级学生欣赏《春曲》是否难度大以及学生学习热情不高的顾虑。相反，学生学习积极性很高，特别是我在出示了作品的题目《春曲》后，有一名学生情不自禁地哼唱起了优美的乐曲，于是我抓住这一生动的契机，让学生联想春天的乐曲是什么样的，并且可以唱出来。这一环节并不是我在课前预设的，而是学生在欣赏作品时真实情感的流露。学生自由的表达与抒发使课堂生动起来，也给了我很多的启发，为我接下来的备课打开了思路。

第二次试讲：加入小组讨论学习的环节，这样不仅使更多的学生能有表达自己想法的机会，节约了时间，也使教学形式更加灵活多样，收到很好的课堂效果。由于受到上节课学生的启发，我设置了这样的一个环节，让学生一边欣赏作品，一边联想并唱出春天你认为最美的乐曲，还让学生展开联想，当你看到这幅画时，会怎样抒发对春天的的热爱之情？让我惊喜的是，学生把在语文课上描写赞美春天美丽景色的诗句情不自禁地表达出来，这也出乎我的意料，我课前没有想到学生会有这样丰富的知识。这也激发了我的灵感，我让学生在作品中找寻诗句中所赞美的春天的美景，一幅抽象的只有点、线的水墨画在学生丰富的想象力的感召下变得生动形象，在孩子们心目中呈现出最美妙的春天的乐曲。我开始震撼于学生对作品的想象力和感受力，是学生让我真正融入课堂。

第三次试讲：为了是使多莉这一学生喜欢的动画形象始终贯穿学生的学习活动，于是重新设计多莉的形象，使她以一位参观者、学习者、传播中国文化的使者形象出现在课堂上，始终伴随着孩子在学习中成长与收获。使学生增强民族文化的自豪感。我根据在前两次试讲中得出的经验，必须更多地去了解学生，只有这样才能与学生产生更多的共鸣，于是我找到音乐老师了解学生学到的有关春天的歌曲，找来学生的语文课本，了解学生学习到的关于春天的诗句，我也在不断地查找资料更多地了解作者在创作《春曲》时的背景以及相关的系列作品。由于做了大量的准备与预设，学生在本节课堂上欣赏作品时非常投入，环节层层深入。在欣赏作品的同时，学生学会了欣赏的方法，并且能够用好看的线条表达自己的情感，充分发挥了想象力和创造力。学生不仅感受到了中国画的魅力，而且通过观察发现生活中的美，激发了对生活的热爱之情。

通过这次的教学研究，我感受最深的是：定好目标不盲从，突出重点有方法，适当引导不刻意，顺其自然。就这样经过多次与课题组的老师们研讨、试讲和揣摩，顺利完成了共创课程。在整个研究的过程中从一开始无从下手，到有一些头绪，再到渐渐思路清晰，最后到与课题组的老师们把握课程的整体设计，把每一个能想到的细节反复推敲。都体现了教师观念的转变！教师的教与学生的学也在慢慢发生着变化。

（三）反思与总结

一年级学生对事物充满好奇心，在决定选择本节课教学内容时，也想到很多问题。比如，一年级学生欣赏起来是不是有难度？会不会看不懂？成人都难以理解的作品，孩子能不能欣赏得了？等等。其实这很容易理解，一年级学生欣赏这样一幅用了抽象的现代的表达方式来表现的传统水墨画确实有难度。但是，有时候我也在想，这也许是我们用了思维定式，认为我们做不到的学生也同样做不到，但我们忽视了学生有着比我们更丰富的想象力，他们不拘一格，不受任何形式的约束敢于表达自己内心的最真实的感受，更能在欣赏作品时体现个人的独特的感受。这恰恰就是在欣赏艺术作品时最难能可贵的。我要特别感谢北京教科院的老师们给予了我这样的实践的机会，让我坚持做这样的一个尝试并且为我深入研究提供了理论以及方法上的巨大的支持。我有以下几点经验和反思。

第一，教学理念的转变。在课题组老师和领导的引领下，我的教学理念在不断地发生变化，课程设计能力得到了提升。例如，在一开始的课程设计中，多莉的动画形象有些形式化，让我理解为只是起到激发学生兴趣，导入新课的作用。怎样才能使多莉这一学生喜欢的形象更多地融入学生的学习过程中呢？于是我又设计了让多莉自始至终贯穿教学的每一个环节，使学生的学习在情景教学模式下不断深入。我本以为这样的设计就已经达到了它的作用，但是，在与课题组老师的研讨中，又进一步地有了启发，多莉以一位参观者、学习者、传播中国文化的使者形象出现在课堂上，多莉形象的这一改变，不仅突出了本节课的教学目标，而且增强了学生对于传统艺术的热爱以及民族自豪感。

第二，教学方式的转变。我在教学方式中的一个重大转变——就是认识到学生是引领课程的真正主人。教学不再是单纯的一个教与学的关系，师生更像是一个共同体。要慢慢学会跟孩子们一起学习。学生的发言给了我很多教学上的灵感，为我本节课的教学思路打开了另一扇门，每一次课程的推进，都是依据学生在课堂上出现的问题进行研究，这也是每一次课程深入与渗透的起源，以学生为中心的教学方式的改变，更容易帮助学生体验艺术的魅力。

在多次课堂实践中，在 A－S－K 课程目标的引领下，一切基于学生发展的需求，符合学生的认知规律。学生在学习过程中都是从他们的生活以及身边熟悉的事物入手，以发现美、欣赏美、创造美为主线，使学生自然地融入学习中，课堂上多种学习方式的呈现，使学生不再是呆板的、被动的学习者，而是主动的、积极的参与者，学生始终保持着学习的热情，想象力和创造力得到充分的发挥。作为有一定教学经验的教师，想去冲破以往固有的教学模式，其实并不容易，从内心来讲，我很想去尝试一些新的教学方法与教学形式，但又怕承受不了太大的压力，有很多困扰我的问题。例如，不知该从何入手？又该怎样进行下去？遇到问题，哪些办法才是最行之有效的？又该怎样深入研究下去？等等。本次 A－S－K 课程理念的美术课实践，解答了我的很多困惑。在 A－S－K 课程共同的研讨中我渐渐打破了许多原有的学科界限，一切以学生为出发点的 A－S－K 课程的研究，发挥了我的课堂主动性、创造性，激发了学生无限的潜能，从而师生共进步。时代在变化，知识日新月异，学生的知识储备量与速度都是我们难以想象的，我们主动应对变化，不断改变自己，需要勇气，可能更需要坚持。教学改革要从改变自己开始，用积极的心态去面对挑战。

（张淑华）

第3章

研究报告

A－S－K Pre 课程对一年级学生在幼小衔接中的注意力培养研究

一、研究背景

当今世界，科学技术高速发展，文化多元，各种思想交相融合和冲突。青少年成长环境发生了深刻变化，面临着复杂环境的挑战，教育要积极应对这种挑战。也正是在这样的时代背景下，史家小学引入北京教科院基础教育科学研究所研发的 A－S－K Pre 注意力模块课程，并以此为依托，着力培养一年级学生的注意力，助其顺利度过幼小衔接期。

（一）研究的价值和意义

1．理论价值

综观国内外有关幼小衔接理论和实践研究现状，不难发现目前有关幼小衔接理论的研究还有待深化，以课程为依托全面促进幼小衔接的理论和实践研究相对缺乏。为了更好地帮助一年级新生适应小学生阶段的学习生活，北京市史家小学引进北京教科院基础教育科学研究所研发的 A－S－K Pre 课程，以模块课程的形式助力一年级学生度过幼小衔接期。

学习是一种普遍存在但尤其重要的人类现象，而在多种流派总结学习的过程中，都有涉及注意力的作用，如行为主义较流行的社会学习理论——观察学习理论指出，人类大量的行为都是通过示范、观察、模仿的途径获得的，而班杜拉所分析的观察学习的四步骤（注意、保持、运动再现、动机确定）就包括注意；认知学习理论的开始，把注意力的研究推向了高潮；建构主义学习理论中也提到了注意力的关键性作用。而把注意力对学习的重要作用呈现得更明显的是美国心理学家梅耶，他整合提出了简洁、通用的学习过程模式。

2. 现实需求

学生学习中，注意力是最基本的学习能力。乌申斯基说："注意就是一扇门，一切由外部世界进入人灵魂的东西都要通过这扇门。"注意的重要性可见一斑。虽然幼小衔接阶段的孩子，存在以下特点：注意集中时间较短，稳定性不强，且以口头语言和形象实物为主；自制力较差，注意的范围有限；儿童个体之间存在差异性，且个体本身情绪、生理等方面在不同时间段也存在差异，但该阶段的孩子注意可塑性强。抓住该阶段孩子注意的特点，有针对性地进行培养和训练，必将有助于一年级学生顺利度过幼小衔接阶段。

（二）核心概念界定

综观研究领域对幼小衔接、注意力等概念的界定都有多种阐释，而本项研究在借鉴以往相关概念界定的基础上，从我校教育教学实际出发，对相关核心概念进行准确界定，将有助于课题研究的顺利进行。

1. 幼小衔接

从字源上看，"幼"即"幼儿、学前儿童"，"小"指的就是"小学、小学生"。本项研究中的"幼小衔接"指幼儿园与小学两个相邻的教育阶段之间在教育上的相互连接。为使儿童能够顺利从幼儿园阶段过渡到小学阶段，幼儿园和小学在教育内容和形式等各方面都要做好衔接工作，家校形成合力，共同帮助学生顺利适应小学生活，其中幼儿园大班和小学一年级是幼小衔接的关键时期。

2. A－S－K Pre 注意力模块课程

A－S－K 是北京教科院基础教育科学研究所基于新时代核心素养培养而研发的一系列准实验课程。

注意力模块课程，属于 A－S－K Pre 课程中的 S 类课程，通过对新生注意力的稳定性和广度进行专门训练，逐步提高学生的注意力水平，从而帮助一年级学生顺利度过幼小衔接期。

3. 注意力

注意力是意识和心理活动指向和集中某个对象的能力，具有集中性和指向性两个基本特征。注意的品质主要有四种，分别是：注意稳定性、注意广度、注意转移、注意分配。其中注意稳定性是指注意的持续性，即个体能够多长时间集中于某一个对象。注意广度指注意范围，就是个体所注意到的对象的个数。注意贯穿整个认知活动过程，是其他心理活动（如感知觉、记忆、思维、情感过程、意志过程等）不可或缺的背景条件。

二、文献综述

根据课题研究需要，以下综述主要对以往国内外幼小衔接和注意力培养相关研究进行梳理，旨在借鉴前人研究经验和成果的基础上，更好地进行本研究设计。

（一）幼小衔接相关研究

幼小衔接对儿童身心发展和学习、生活习惯的养成具有重大作用。因此，关于幼小衔接的问题引起了国内外学者的广泛关注。

国外对“幼小衔接”理论和实践的研究较早，17世纪捷克教育理论家夸美纽斯在《大教学论》一书的“母育学校”中论述了幼儿入学准备的思想，并指出，“母育学校”这个阶段可以说是主要对幼儿实施家庭教育，为幼儿顺利进入小学做准备的阶段。20世纪90年代以来，国外对“幼小衔接”的研究主要集中在“幼小衔接”理论、“幼小衔接”的课程和策略三个方面。

近20年我国关于幼小衔接的研究主要集中在幼儿园与小学课程衔接研究，幼小衔接策略研究，幼小衔接与儿童发展研究，关注农村幼小衔接，幼小衔接资源的开发以及我国对国外幼小衔接的相关研究等几个方面。

通过对国内外有关幼小衔接理论和实践研究现状的梳理，我们认为国外关于幼小衔接理论和实践的研究，鼓励多方合作，通过幼儿园和小学课程的无缝对接帮助幼儿顺利过渡，为我们的研究提供了很好的借鉴和范例。我们认为目前有关幼小衔接理论的研究还有待深化，以课程为依托全面促进幼小衔接的理论和实践研究相对缺乏，有必要从课程角度进行全方位的深化、细化，以促进幼小衔接理论和实践研究的发展，从而更好促进一年级学生幼小衔接的顺利过渡和进一步提升。A－S－K Pre注意力模块课程是权威科研机构和一线学校合作，以课程为依托，内容及形式承接学前教育，以游戏教学活动为主，通过系列课程逐步培养学生注意力的稳定性和广度，帮助学生顺利度过幼小衔接期。

（二）注意力培养的相关研究

关于注意力培养的研究，张雪梅在《论学生注意力的培养》一文中强调了加强学生注意力培养的重要性。谭怡钧则在《学生注意力的培养策略》中说道："尽早地提高和改善学生注意力的品质，对于学生智力的整体提高意义是巨大的。"同时，她说道："在注意诸多品质中，注意的稳定性具有代表性的意义。"

张灵聪则较早对注意力培养进行了研究，其研制出的"注意稳定训练仪"，此仪器改变了以往仪器从外部刺激（简称外控）来测量或训练人的注意稳定的现状，主要通过想象（内控）来训练人的注意稳定，更有利于提高被训练者的自控力。

关于注意力培养的方法，甄鹏在《注意的研究与小学生的发展》中指出，加减运算练习和抄写练习可以在一定因素上影响小学生注意力品质。殷恒婵实验研究发现221名中小学生通过自主研发的注意力训练仪训练，在注意力稳定性、注意广度、注意分配性和转移性方面均有所改善，其中注意力稳定性这一注意基本品质的提高速度最快。此外，还有研究表明对个案进行认知行为训练、书法训练和身体训练相结合的心理训练、执行功能训练、正念训练、走迷宫训练及情绪控制训练等，都对学生的注意力尤其是注意力稳定性有明显的提升作用。研究还表明，综合训练的方式比单一训练有效。

（三）对本研究的意义

第一，通过总结梳理相关研究文献，对该选题的研究现状有一个较为全面的了解，吸取好的经验和做法，避免重复研究。

第二，研究文献中多视角的研究特点，启发该项研究从依托课程的角度开展实践研究，弥补以课程为依托全面促进幼小衔接的理论和实践研究相对缺乏的现状。

第三，在了解前人研究的基础上，更准确地找到该项研究的创新点。

三、研究设计

（一）研究问题

A－S－K Pre 注意力模块课程如何实施？我校一年级小学生注意力培养研究的效果如何？

（二）研究假设

立足 A－S－K Pre 注意力模块课程，在课程理念引领下和课程实施的行动研究中，通过对新生进行注意力稳定性和广度的专门训练，逐步提高学生的注意力水平，从而帮助一年级学生更顺利度过幼小衔接期。

（三）研究方法

第一，文献研究法。本文主要采用文献研究法，在综合浏览大量幼小衔接、注意力及培养相关文献资料的基础上，对资料进行筛选、分类，做到去粗取精，去伪存真。把相关研究文献按照研究视角、研究内容和研究方法等方面进行归类、梳理，对该课题研究角度及内容的确定有着积极的意义。

第二，行动研究法。在 A－S－K Pre 注意力模块课程实施过程中，对一年级学生进行自然状态下的观察，以观察他们对课程内容的兴趣，了解课程实施方式的有效性等。边研究，边实践，通过课后学生访谈的形式，了解学生对课程内容的兴趣及听课效果。

第三，准实验研究法。A－S－K Pre 注意力模块课程通过前测和后测获得学生在课程学习前后的注意力得分，最终通过整体及个体前、后测数据量化对比，判断学生注意力提高与否及提高的程度。

（四）研究思路及框架

本项研究以北京教科院基础教育科学研究所基于学生核心素养研发的 A－S－K 为依托，在课程理念的指导下，通过 4 个教学课时

（“认识新朋友”“找找他在哪儿”“帮帮多莉吧”和“看谁最聪明”）对一年级新生注意力的稳定性和广度进行专门训练，从而逐步提高学生的注意力水平，帮助学生更顺利度过幼小衔接期。此外，本项研究还通过前测和后测获得的学生注意力得分对比，用科学数据量化研究效果。具体研究思路图如图3－1所示。

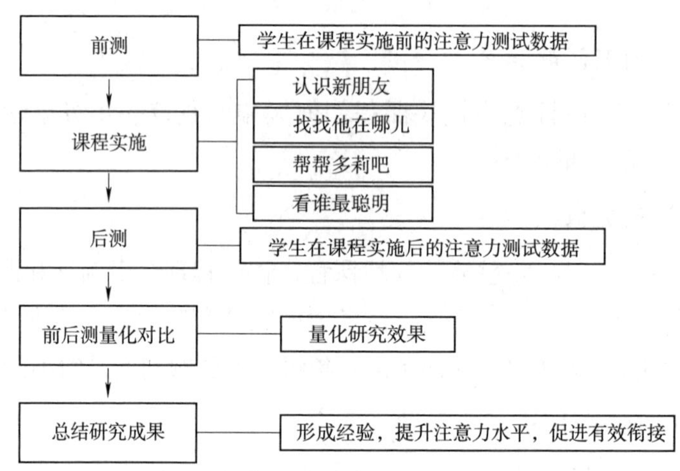

图3－1　学生注意力研究思路

（五）研究内容

本项研究内容主要包括A－S－K Pre注意力模块课程内容和评估测试两方面，具体如下：

第一，A－S－K Pre注意力模块课程内容。注意力模块课程共6个课时，包含4个教学课时和2个测试课时（前测、后测各1个）。教学课时包括以下4个：首先，“认识新朋友”课程干预点是情景设置，课程具体内容是通过观看《海底总动员2：多莉去哪儿》情境片，引入课程，初步认识课程中多位角色的姓名和特征。其次，“找找他在哪儿”课程干预点是注意的稳定性和注意的广度，课程具体内容是：“不一样的多莉”“汉克的伪装”“捉迷藏”“汉克的七条触腕”“漫漫回家路”。再次，“帮帮多莉吧”课程干预点是注意的稳定性和注意的广度，课程具体内容是：“找不同拜访”“螃蟹家族”“前往克利夫兰的标志”“多莉的管友”“飞越喷泉”。最后，“看谁最聪明”课程干预点是注意的稳定性、注意的广度和学科衔接，课程具体内容是："海草的叶子""友谊密码""比比谁最大"。

第二，评估测试。本项研究前测及后测工具为北京教科院基础教育科学研究所研发的认知发展力网络评估测试题。本评估采用符号检索任务评估学生的注意力，即学生通过审视"寻找组"和"目标组"中的符号，回答"目标组"中的符号是否出现在"寻找组"中。

认知发展力评估基于著名的心理学家斯滕伯格智力三元论中的智力成分亚理论。在认知发展过程中，个体通过接受新刺激，做出判断与反应，并且对新信息进行编码与储存。认知发展是一种获取和保存新信息的过程，因此会涉及注意力的发展。

四、研究过程

整个研究过程经历了前测、A－S－K Pre 注意力模块课程实施、后测、前后测数据对比量化研究效果、总结研究成果等阶段，具体如下。

（一）前测

在一年级学生入学初期，项目组对全校一年级700名学生进行了前测，其中男生362人（51.71%），女生338人（48.29%）。从前测结果看，全体学生的注意力均分为64分，处于中等水平（37分≤得分<68分）。

（二）课程实施

好的课程理念都要通过高效的课程实践来贯彻，而教师是课堂实践的重要决定性因素之一。课程实施的主要人员包括北京教科院基础教育科学研究所A－S－K Pre项目组专家团队、学校项目负责人及全体一年级语文教师和1名数学班主任教师。

1. 分层实施

本项研究在北京教科院基础教育科学研究所A－S－K Pre项目组先进课程理念引领下，为了提高课堂的实效性，更好地实践课程理念，将全体一年级18个班分为研究示范班和研究普通班。

研究示范班，就是从全年级 18 个班里选出 2 个班级作为研究的重点班级，由北京教科院基础教育科学研究所 A－S－K Pre 项目组专家深度参与指导备课、试讲听课、评课、师生访谈、做专题讲座等，学校项目负责人组织全体一年级语文教师共同参与整个过程，团队协同共同打造出示范课堂，确保课程理念实践贯彻最大化，发挥以点带面作用，提高课堂实效性。

研究普通班，即除全年级 18 个班中 2 个研究重点班之外的 16 个班级。这 16 个班级的语文教师在参与前期打造示范课堂的过程中，逐渐深化对课程的理解与运用，在示范课堂的引领下，在自己班级开展注意力模块的课堂教学工作。

2. 自主教学

课程使用方面，每节课 30～40 分钟，每周一节课，1 个月内完成本模块教学。课程可以按照“认识新朋友—找找他在哪—帮帮多莉吧—看谁最聪明”的顺序进行，也可根据需求选取某一节或几节授课。

（三）后测

与前测时隔 1 个多月，在注意力模块课程实施完毕后，北京教科院基础教育科学研究所 A－S－K Pre 项目组专家团队再次对全校一年级 661 名学生进行了后测，其中男生 336 人（50.83%），女生 325 人（49.17%）。从后测结果看，全体学生的注意力均分为 69 分，处于较高水平（得分≥68 分）。

（四）前后测数据对比，检验研究效果

按照低等水平、中等水平、较高水平三个水平等级，将前、后测的数据进行列表对比，通过卡方和 p 值检验，量化研究效果，从而检验 A－S－K Pre 注意力模块课程对一年级小学生注意力培养是否有效，效果是否显著。

五、研究成果

研究成果既对前期研究实践进行了总结和沉淀，又为今后更深入的思考和实践提供了宝贵经验。梳理本项研究，成果如表 3－1、

表3-2所示。

（一）研究结果

表3-1 史家小学一年级新生 A-S-K Pre 注意力模块前测、后测参与对象统计

前测		后测	
男生	女生	男生	女生
362人（51.71%）	338人（48.29%）	336人（50.83%）	325人（49.17%）
合计：700人		合计661人	

表3-2 史家小学一年级新生 A-S-K Pre 注意力模块前测、后测结果统计

水平等级	前测	后测	χ^2	p
低水平	57人（8.14%）	30（4.54%）	50.218	0.000
中等水平	206人（29.43%）	103（15.58%）		
较高水平	437人（62.43%）	528（79.88%）		
合计	700	661		

由此，我们得出如下结论：

通过卡方检验，$p < 0.01$，说明从整体注意力水平看，前测与后测的数据差异显著，A-S-K Pre 注意力模块课程通过对我校一年级新生注意力稳定性和广度进行专门训练，学生注意力水平提升明显。

全校一年级新生经过注意力模块课程学习后，处于较高水平的孩子人数明显增多，由前测时的437人，后测时上升为528人；处于中等水平的孩子人数由前测时的206人，后测时减少为103人；处于低等水平的孩子人数由前测时的57人，后测时减少为30人。具体到每个孩子的注意力水平，除个别孩子注意力水平有所下降外，大部分孩子的注意力水平都在提升，甚至有了跨越式提升。

（二）研究成果

首先，形成一套研究策略。第一，分层实施，以点带面，提高课堂教学实效性。由于我校一年级有18个班，项目组在专家组人员分配、时间和精力上都很难做到短时间内全面铺开，为提高工作实效性，将全年级 18 个班分为研究示范班和研究普通班，充分发挥示范班的引领示范作用，以点带面，最终带动全年级开展研究工作，切实增强了研究的实效性。第二，打破学科思维，专注过程更利于注意力培养。我们的学科教学更多是为了寻求准确答案，A－S－K Pre 注意力模块课程以游戏闯关作为主要教学内容，师生们本能地把关注点放在了最终是否闯关成功的结果上。在课程理念的科学引领下，在专家团队的悉心指导下，项目组老师们打破学科思维，紧扣培养学生注意力稳定性和广度的学习目标，专注有序进行游戏闯关的过程而非结果。譬如，“多莉的管友”这个游戏中，如果按照数学解题中的“倒推法”，能够快速有效地找到“答案”，完成游戏闯关。教师们在教学环节，首先改变常规教学思路，不是以最快的速度找到答案，而是引导学生按照序号将 4 个管道逐一走完，从而培养学生能够将主动注意持续、稳定地放在该项游戏上。第三，引入角色及课程思路，进行学科迁移，将注意力培养常态化。注意力模块课堂上，孩子们像被施了魔法似的，情不自禁地被课程吸引。如此深受学生喜爱的“魔法课堂”课时有限，而学生注意力的培养又是一个持久的过程，如何能够将课程理念进行学科化迁移是研究后期所有教师都在思考的问题，并积极在自己的课堂上进行探索。例如，语文教师在讲口语交际课“我会做游戏”时，引入注意力模块课程中的小鱼多莉的角色，和大家一起玩“贴鼻子”的游戏，深受孩子们的喜爱，课堂效果显著。

其次，形成了一批教育教学成果。注意力模块课程理念深入教师们的内心，提升了教师们的教科研能力，增强了教师们的教科研信心，形成了一批教育教学成果，如研究示范课、研究论文、教案与反思、个案研究等。

学生注意力水平显著提升，增强了对小学阶段学习生活的兴趣和信心。教师的教育教学理念得以拓宽，教科研能力得以增强，更积极地探索学科教学，努力将学生注意力培养常态化。最后，项目研究成果不断丰富和深化注意力模块课程的实践，为其他实验学校提供宝贵的经验。

六、讨论与建议

注意力模块课程深受学生的欢迎，最终收到了很好的研究效果，除了得益于其科学理念的引领外，还得益于其以下课程特色：第一，将孩子们熟悉的动画片《海底总动员》中的小动物们引入课堂，让孩子们感受到这些小动物们就是身边的小伙伴，增强了学习的趣味性。第二，孩子们天生就喜欢游戏。课程在引入动画片小动物的前提下，以游戏闯关的形式开展课堂教学，更有利于培养学生注意力的持续稳定性和广度。鉴于课时有限，而学生注意力的培养是一个持续长久的过程，所以，如何更有效地将课程理念进行学科迁移，使注意力培养常态化，将是下一步思考研究的方向。

（乔　红　高江丽）

适应性教育对一年级学生顺利过渡幼小衔接的影响

幼小衔接问题一直是教育领域中的热点问题，也受到来自社会、政府、学校、教师以及家长的极大关注。而其中对一年级学生适应力方面的引导和培养又是研究幼小衔接的重要方面之一。刚升入一年级的小学生处于幼小衔接的关键期，从幼儿园以游戏活动为主的启蒙教育进入以知识传授为主的小学教育阶段，对于6岁的孩子来说是一个不小的挑战。在如何帮助一年级孩子更好地度过幼小衔接方面，我校引进了旨在培养孩子们产生良好适应性的 A – S – K Pre 适应力专门课程，并结合学校自身一年级幼小衔接特色教育帮助学生更快适应小学生活。

一、幼小衔接的理论背景

本次论文主要运用了皮亚杰认知发展理论以及哈克断层理论来作为幼小衔接方面的理论支撑。

首先，皮亚杰发展阶段理论视野下的幼小衔接。发展心理学家皮亚杰认为儿童的心理发展是一个连续的过程，个体的发展都有顺序，不能交换，不能逾越，可交叉。幼儿园和小学教育阶段之间六七岁的幼儿正处于皮亚杰认知发展的前运算阶段和具体运算阶段之间，这一时期的儿童保留着学前幼儿具体形象思维的特点，其抽象思维能力又有所增强，思维发展也决定了其情感、行为方式的发展转变，主要活动方式也由游戏转向学习。因此，学前幼儿绝不可能在进入小学的那一天突然全部脱去幼儿身上所具有的特点，发展的连续性规律决定了他仍然带有幼儿特点。因此，幼小衔接的准备工作是至关重要的。

其次，哈克断层理论视野下的幼小衔接。德国的哈克教授认为，处在幼小衔接阶段的儿童一般都存在着关系人、学习方式、行为规范、社会结构、期望水平、学习环境的断层等六大断层问题。刚进入小学的儿童要与幼儿园时期的朋友道别，重新建立新的人际关系，重新定位自己在班级里的位置，心理上经受一定的压力。由于学习方式的改变，一时也难以适应小学老师对学习、上课规则的较为严格的要求。学习环境、人际环境都发生了较大的变化，儿童必须在适应过程中学会去遵循新的规则，从而适应小学的学习和生活，这对所有儿童来说是一个较大的挑战。另外，儿童进入小学，家长和老师对其期望值的变化也较为明显，这就会使儿童游戏、玩耍的时间大大减少，学习负担逐渐加重。“幼小断层”理论具体、全面地解析了儿童从幼儿园到小学后所需要经历的差异和坡度，使我们对幼小衔接问题把握得更为清晰。

二、幼小衔接与入学适应性的研究现状

我将主要从国内外关于幼小衔接的研究现状以及小学一年级新生入学适应性的研究现状方面进行总结。

（一）国内外关于幼小衔接的研究现状

在国内已有的幼小衔接研究中，通常从幼小衔接存在的问题和解决策略入手，认为幼小衔接一般存在以下问题：忽视衔接的连续性；幼儿园、小学和家长之间缺乏交流沟通；衔接中过于注重知识的衔接，导致“学前教育小学化”；师资力量薄弱；等等。研究者继而提出相对应的解决策略。还有的幼儿园教师通过行动研究，从幼儿园活动中给出解决问题的具体策略，操作性较强。

相较于国内将幼小衔接作为研究的热点，西方学者更注重儿童入学准备的研究。他们认为，搞好幼小衔接工作仅仅能够帮助儿童实现从幼儿园向小学的顺利过渡，而入学准备工作则关系儿童的终身发展。二者在年龄阶段、研究目的、关注视角等方面有着本质的区别。

（二）国内外新生入学适应性的现状研究

国内外社会适应行为的研究主要集中在社会适应行为与家庭的关

系上，有研究表明社会适应行为在很大程度上受同伴的影响，儿童与同伴之间的互相学习会影响行为；同时，家长及教师对儿童的影响也是重要因素。良好的父母教育方式会对儿童产生积极的影响。

目前，国内有关学习适应性的研究非常丰富，既有专门研究人员的理论研究，又有一线教师的经验汇总和教训反思。一些针对小学生适应现状的研究，大多是通过调查得出学生的整体适应现状，进而探讨分析研究得出的结论。例如焦莹、涂芳、田澜等人对一定数量的样本进行调查研究后发现，依据一些检测指标，最后得出大多数学生能够适应小学的学习生活，但仍有部分学生存在不适应现象，或有些学生整体适应情况良好，但在某一个或多个指标方面适应不良。这类现状研究所依据的研究维度有待商榷，并且对研究结果的分析宽泛，有待后来者进一步深入细致研究。

通过对国外文献的查阅和分析，西方一些发达国家的研究机构对儿童的入学准备和入学后的适应情况进行了大量的研究，但专门针对"学习适应性"现状的研究则相对较少，大多数研究者主要侧重于学习适应性影响因素的研究，诸如学生的气质类型、家庭环境以及同伴关系等。

通过对已有文献的总结和分析，本研究发现国内外研究者关于学生学习适应性的研究主要存在以下几个方面问题：首先，前人的研究多是集中于宏观意义上的具有普遍性的理论构建，缺乏具体的可实际操作的内容；其次，已有研究虽然在某些方面取得了大量的研究成果，但关于小学一年级新生学习适应性问题开展的研究较少，仍有较大的研究空间和研究必要性。

综上所述，本论文的研究意义主要是希望在实践中进行理论干预，以史家小学自身幼小衔接特色教育以及与北京教科院合作的A－S－K Pre适应力模块课程为例，运用行动研究法，针对适应性教育对一年级学生顺利过渡幼小衔接进行策略研究。

三、幼小衔接与入学适应性的定义

本论文将从幼小衔接以及适应性两大方面进行概念界定。而关于适应性，又将从幼小衔接内涵的适应性、入学适应、基于幼小衔接理解的社会适应性以及基于幼小衔接理解的学习适应性四方面进行概念界定。

（一）幼小衔接

关于幼小衔接内涵的文献综述，不同的学者存在不同的观点。学者们普遍将幼小衔接分为广义和狭义两个层面。广义的幼小衔接是指学校、家庭、社会三方一体的围绕幼儿的认知、情感、习惯等智力与非智力双重因素而进行的一种相互的、持久的联系过程，指幼儿园大班和小学一年级的衔接，也包括整个幼儿阶段与学龄前期的衔接。狭义的幼小衔接指在大班时期，各类教育机构、家庭等为了让儿童适应小学教育，所做的入学准备和入小学后所做的入学指导，也就是指幼儿园大班向小学一年级过渡的时间。

我更赞同朱晓蔓的观点，她认为幼小衔接是指幼儿园和小学通过创造良好的条件积极努力工作，为让儿童顺利度过幼小衔接阶段，以促进儿童身心健康成长。她进一步对此概念进行了解释，认为幼小衔接主要表现在两个方面：一是幼儿园方面进行入学准备工作，包括广义上的整个幼儿园阶段的入学准备，和狭义上的针对幼儿园大班幼儿进行的入学准备教育；二是小学方面进行新生过渡工作。

综上所述，本文对幼小衔接的定义为：幼小衔接是指幼儿园和小学创造良好条件，做好必要的准备工作，在身心两方面帮助儿童从学前教育顺利过渡到小学教育的过程。它包括两层意思：一方面，幼儿园大班幼儿需要具备哪些能力来适应学校生活；另一方面，一年级教师应采取哪些方式方法更适应步入一年级的学生，使他们以最快速度适应学校生活。

（二）适应性与入学适应

适应性：“适应”一词即 adaptation。源于拉丁文的“adaptare”。生物学在科学意义上首先使用“适应”概念，然后逐渐被其他学科引用，并对它产生了不同的理解和界定。《教育大词典》（教育心理学卷）中对“适应”的解释是：泛指机体对环境的顺应。个体根据环境条件的变化改变自身，达到与环境保持平衡的过程。而社会适应是个体内在的心理系统对外在社会环境变化的应对过程，它是一个动态的变化与调节过程，需要一定的心理资源和应对机制。

入学适应：一年级学生对小学学校生活的适应状况。包括社会适应和学习适应。社会适应包括：内容特质（适应什么）、心理调节（如何适应）、动力支持（能否适应）和预测控制（是否表现出了适应）。

基于幼小衔接理解的社会适应性包括：学生对学校环境的适应性、人际交往能力、遵守社会规则的能力。学习适应性：是指个体克服困难取得较好学习效果的倾向，也即学习的适应能力。学生的学习适应性好，学习方法科学，能提高学业成绩；相反，学生的学习适应不良，则会导致学业不良，影响到他们未来的发展与成才。

基于幼小衔接理解学习适应性：是指儿童具有良好的学习兴趣和求知欲望，具有对口头语言、图画、书面语言的理解能力，学习习惯良好，注意力集中。

四、适应性教育的策略

在本研究中我主要运用了文献研究法和行动研究法，本论文的研究内容，即：A－S－K Pre 适应力模块课程对一年级新生顺利度过幼小衔接的策略研究以及史家特色教育中针对适应性教育对一年级学生顺利过渡幼小衔接进行策略研究。

首先，我参考了国内外相关文献综述，并对文献综述行进了分析、总结以及补充。其次，我用了行动研究法，以史家小学特色入学教育以及与北京教科院合作的 A－S－K Pre 适应力模块课程为例，运用行动研究法，针对适应性教育对一年级学生顺利过渡幼小衔接进行策略研究。目的是通过研究总结经验，帮助学生更快适应小学生活。

（一）A－S－K Pre 适应力课程

专门课程：A－S－K Pre 适应力模块课程对一年级新生顺利度过幼小衔接的策略研究。A－S－K 课程是针对九年义务教育进行的整体设计，核心素质贯穿学校课程体系，课程通过 Pre 课程，学科攻关课程、融通课程，从态度、技能和知识三个维度进行进阶式培养，为学生终身学习、终身发展和适应未来奠定基础。

1. A－S－K Pre 课程及适应力模块简介

A－S－K Pre 课程在整个 A－S－K 课程中就是针对幼小衔接设计的。适应力模块属于 A－S－K Pre 课程中的适应与自信模块中的两节课。这两节适应学校生活的课程主要以“魔法学堂”的形式进行。“魔法学堂”主要采用情境游戏和活动相结合的方式推进课堂，“多莉的一天”和“新生开学分享会”两节课是适应学校新生活的课程，主要让学生初步了解适应什么和怎么适应新学校、新环境。

第一节课——“多莉的一天”，教师首先以代入的形式，让学生将自己想象成多莉的好朋友，帮助多莉适应小学的新环境。本节课的学习目标是：让学生在已经参观校园的基础上，进一步深入了解学校环境，明确学校特定的空间与位置。教师在授课过程中应该将重难点放在让学生知道在各个场所应该遵守的相关规则上。第二节课——“新生开学分享会”，教师让孩子以小组为单位，讨论分享，帮助多莉解决新入学的困惑，了解小学生活与幼儿园生活的不同，并从中重点渗透学校的规则以及安全意识，引导学生学习如何用适合自己的方法、积极乐观的态度适应新学校。在分组交流的过程中，训练孩子在新环境下的人际交往能力。

2. 一年级新生幼小衔接的分析

这两节课主要训练的是一年级学生的社会适应性。

第一节课主要训练的是学生对学校环境的适应性以及遵守学校规则的能力。由于一年级学生刚从幼儿园步入小学，校园环境发生了很大变化。一般的幼儿园都像小巧玲珑的童话世界，色彩鲜艳，教室、午休场所和卫生间基本相连，并且出入也由幼师统一带领。而小学一般面积较大，教学楼、综合楼和体育、艺术楼基本分开，功能室多，绿化环境广阔，可供学生自由选择的活动空间大，并且学生课后活动也将不再由老师统一带领。因此，本节课帮助学生认识校园，尽快熟悉今后的学习、生活环境对一年级新生顺利度过幼小衔接阶段是十分必要的。

第二节课主要训练的是学生的规则意识，自我服务和自我保护意识以及在新环境下的人际交往能力。从幼儿园步入小学，除了校园环境的变化，更大的是管理方式以及社会结构的变化。孩子入小学后就意味着来到了新的环境，就要与幼儿园的伙伴分离，要开始重新建立新的人际关系，结交新朋友，寻找自己在团体中的位置。因此，本节课除了将更加深入、具体地帮助一年级学生了解小学生活与幼儿园生活的不同外，更要重点渗透学校的规则以及安全意识，并在分组交流的过程中，训练孩子在新环境下的人际交往能力。这对一年级新生尽快提升社会适应性，度过幼小衔接阶段有着很大帮助。

（二）史家小学的入学适应性特色教育策略

史家小学的特色教育，针对适应性教育对一年级学生顺利过渡幼小衔接进行策略研究。

为了更好地帮助一年级新生顺利度过幼小衔接，史家小学一年级的特色就是对新入学的孩子们进行为期一周的“启蒙周”，并一直将幼小衔接的适应性教育渗透到一年级上学期的日常教育中。

1. 史家小学幼小衔接社会适应性教育

对学校环境的适应：与 A－S－K Pre 适应力模块第一课时课前准备工作相似。史家小学在开学伊始，教师会让学生通过“（话）画校园”语文综合实践活动，让学生在为期一周的时间里，对学校的校园环境进行观察和初步了解。教师会在课堂上给出一节课的时间，让学生把校园中自己最喜欢、印象最深刻的地方画下来，之后，小组进行讨论，说说“你”画的是校园中的哪里，“你”为什么要画这里。在学生进行互相介绍的同时，既锻炼了孩子们的人际交往、语言表达能力，又让学生们再次加深了对校园各个位置的了解，激发学生对校园的喜爱。

人际交往能力方面的适应：包括怎样与老师和同学沟通两个方面。怎样与老师沟通：礼貌教育要时刻渗透在日常班级管理及课堂教学中。比如，从学生第一次走进校门开始，教师就要渗透“见到老师要主动问好”的意识。又如，学生应该怎样进办公室，在楼道里见到老师又该怎样问好，怎样向老师求助，如何交到新朋友，怎样与同学友好相处，等等。

遵守规则方面的适应：在史家小学，新入学的孩子们都会有一本名为“童蒙养正　立规成范”的韵律儿歌读本。“韵化三字歌”是孩子们开学第一周（即“启蒙周”）的学习、背诵任务，儿歌分为18篇，按照学校的“一日生活”的顺序，分别为第一天——整理篇、就餐篇，第二天——铃响篇、排队篇、放学篇，第三天——课堂篇、发言篇、下课篇，第四天——礼貌篇、读书篇、书写篇，第五天——升旗篇、上操篇、游戏篇，第六天——爱物篇、爱眼篇、安全篇、卫生篇。凡是学过的儿歌要求孩子一定要说到做到，学做结合，要用歌谣里的标准时刻检验自己的行为。通过实践，我发现孩子们对这种语言形式活泼短小、内容简单契合学习生活实际的歌谣很感兴趣，不仅很快就背诵下来，而且积极将歌谣内容转化为自己的行动，做得有模有样。对于个别做得不认真或不到位的孩子，用简单易懂的歌谣语言加以提醒，反而比以往反复地讲解练习收效更好。“韵化三字歌”能够帮助学生逐步养成一定的规则意识，养成好习惯，规范自己的言行，更好、更快地完成幼小衔接，适应小学生活。

2. 史家小学幼小衔接学习适应性教育

学校在幼小衔接方面除了会在社会适应性方面给予一年级孩子们正向的教育和引导外，更会在学习适应方面给予学生充分的重视和培养。

孩子必须具备学习能力才能顺利完成幼小衔接。学习能力，简单地说，就是获得学习知识的能力。对于新入学一年级语文学科而言就是听、说、读、写、表达，以及记忆力、注意力、理解能力等。

培养孩子的注意力：从幼儿园步入小学，学校的教学方法发生了很大变化。幼儿园孩子们还停留在以自由游戏为主的发现学习、感官学习模式，基本是围绕就座，15～20分钟一节课，在动中学、玩中学，以形象思维为主，并没有课业上的任何负担。而步入小学后，将严格实施国家新课程标准，开展有序的常规教学，有正规科目语文、数学、英语等，分科教学。40 分钟一节课，由形象思维向抽象的逻辑思维过渡，有作业、有测试、有竞赛，孩子的学习也相对有了压力。因此，在课堂教学中如何帮助学生提升注意力十分重要。意志力是孩子提升注意力的决定因素，而兴趣是提高注意力的外在因素。在课上，教师可以通过丰富的教学环节，多样的教学手段以及生动的教学语言，吸引学生的注意力，还可以在课上鼓励学生积极参与课堂中，并通过积极的正强化，多给予学生鼓励和肯定。此外，结合孩子的年龄特点，在课堂上，教师还可以开展一些有意思的小游戏培养学生的注意力。

培养学生良好的写字习惯：以语文学科为例，学生刚入学除了要背诵“韵化三字歌”以外，还要通过执笔儿歌掌握正确的写字姿势。（一指二指捏，三四五指托，笔尖向前斜，笔杆向后躺。手里笔尖一寸，胸离桌边一拳，眼离书本一尺。头正、肩平、臂开、足安。）在每次开始写字前，教师都要带领学生一边背诵一边检查执笔姿势，等全班都做好再动笔。并且教师在学生书写过程中要随时巡视、监督。

培养学生的表达能力：表达要做到——先站好再发言，声音洪亮，落落大方，语句完整。教师在学生平时回答问题过程中时刻要以这样的标准要求学生，帮助他们养成良好的表达习惯。

五、适应性教育对一年级学生顺利过渡幼小衔接的影响及建议

本研究主要以史家小学幼小衔接适应性教育以及与北京教科院合作的 A－S－K Pre 适应力模块课程为例，运用行动研究法，针对适应性教育对一年级学生顺利过渡幼小衔接进行策略研究。目的是希望通过针对课程的策略研究，总结经验，提出帮助学生更快适应小学生活的建议。

（一）A－S－K Pre 适应力模块课程的经验与建议

总体而言，A－S－K Pre 适应力模块课程，训练的是学生的社会适应性。一年级的适应力课程仅仅包含两个课时。第一课时主要训练的是学生对学校环境的适应性以及遵守学校规则的能力。第二课时主要训练的是学生的规则意识，一定的自我服务和自我保护意识以及在

新环境下的人际交往能力。

希望 A – S – K 专家组成员能够在进一步深入研究中，增加与学习适应性相关的研究；而在之后的课程中，A – S – K Pre 适应力模块也可以适当涉及学习适应性层面。

（二）史家小学幼小衔接适应性教育的经验与建议

第一，规则教育要注重质而非量。学生在学校生活，在班级中学习，要遵守的规则有很多，教师不能在开学一周就把学校、班级所有的规则要求给学生一下子提出，应该要分阶段给学生提出要求。规则教育要更加注重质而非量。

第二，要特别关注学生的安全意识。一年级学生刚从幼儿园步入小学，校园环境发生了很大变化。一般的幼儿园占地面积较小，教室、厕所相通，并且出入也基本由幼师统一带领。而小学一般占地面积教大，教学楼、综合楼和体育、艺术楼基本分开，功能室多，绿化环境广，可供学生自由选择的活动空间大，并且学生课后活动也将不再由老师统一带领。因此很容易暴露安全隐患。因此，教师在日常班级管理中更要随时渗透安全教育。

（孙慧瑶）

A－S－K Pre 注意力课程对提高小学生注意力的作用

注意是心理活动对一定对象的指向和集中。是伴随着感知觉、记忆、思维、想象等心理过程的一种共同的心理特征，是一种极其复杂的认知过程。课堂教学过程中“学生注意力是否集中”是教学成败的关键。不管教师怎样教或教什么，目的都是要学生学，而学生学习的过程又是对教师所教知识进行感知、分析和记忆的过程。

小学生的注意力具有以下三个特点：（1）小学生的有意注意正在逐步发展，但无意注意仍起着重要作用；（2）小学生容易被一些直观的、具体的材料吸引，对一些抽象的道理却不能引起注意；（3）小学生的注意易于分散并不能持久，带有强烈的感情色彩，易于被新奇有趣的事物吸引。

一、A－S－K Pre 注意力课程对注意提高的研究背景

学生的注意力是否集中是课堂教学成功与否的关键，注意力水平直接影响着学生的智力发展和对知识的汲取，它在学生的学习过程中起着重要作用。刚升入一年级的小学生处于幼小衔接的关键期，从幼儿园以游戏活动为主的学习环境进入以知识学习为主的小学阶段，对于6岁的孩子来说是一项不小的挑战。为了帮助孩子们顺利适应小学学习生活，我校引进了旨在培养孩子们良好注意力的 A－S－K Pre 注意力课程。

（一）研究现状

目前国内外对于注意力的研究大都聚焦在两方面：注意的稳定性和注意的广度。大量实证结果研究表明，学业水平不良的儿童主要特

征之一就是注意力缺陷。从笔者可收集到的文献来看，目前国内对注意力的研究主要集中在注意力的发展、注意力的培养和注意力与学业成绩的关系三个方面。

1. 注意力发展研究

阴国恩、曾隶在《中国儿童注意的发展》一文中，对63名学生进行注意力测验，探索了学生无意注意的发展进程和无意注意的操作定义；张曼华、杨凤池的《气质与注意力品质关系的研究》（1999）对注意力进行了非常全面的研究，他们使用几种测验方法对注意转移、注意的稳定性、注意的广度等品质进行了区分研究；林镜秋在《大中小学生注意力转移的实验研究》一文中，对250名学生的注意转移能力进行了测验，实验结果表明：学生注意转移速度随年龄递增呈不断加快的趋势，学生被试年龄越大，注意力转移速度越短。

2. 注意力培养研究

谭怡钧在《学生注意力的培养策略》中提到，如果在早期对学龄期儿童做注意力训练，提升孩子注意力，会让孩子受益终身；甄鹏在《注意的研究与小学生的发展》中，通过实验得出以下结论：加减运算练习和抄写练习可以在一定因素上影响小学生的注意力品质。殷恒婵在《对提高中小学生注意力水平的实验研究》一文中，对221名学生利用自主研发的注意力训练仪做了注意力品质测量和训练，并做教育实验研究。研究结果表明，中小学生经过注意力训练仪的集中训练后，注意力分配、注意的稳定性、注意的转移和注意的广度四个品质都得到了不同程度的提高，其中注意的稳定性是提高速度最快的一项。

3. 注意力与学业关系研究

李洪曾等（1984）在《五至六岁幼儿有意注意稳定性的实验研究》一文中，通过对注意稳定性、学习能力、学业成绩三者之间的相关关系进行实证研究，得出注意稳定性对学业成绩的影响很大，是因为注意稳定性对人完成复杂任务意义重大。并且注意稳定性是通过影响学生的智力活动而影响学生的学习成绩的。甄鹏在《注意的研究与小学生的发展》中，对145名小学生开展实验研究发现小学儿童的注意品质越高，学习成绩越好；注意品质越低，成绩越不理想。小学低年级和高年级学生注意力水平和学业成绩的相关性不显著，小学中年级学生注意力水平和学业成绩的相关性显著。

通过以上文献研究我们发现，注意力的培养、发展对学生，特别是中小学生的知识的获取、核心素养的形成以及终身发展有着至关重要的作用，而小学低年级（特别是一年级）是学生注意力培养的关键期，因此，培养处于幼小衔接期的一年级小学生的注意力对学生整个学习生涯尤为重要。

（二）概念界定

1. 注意力

注意力是一种极其复杂的认知过程。Helmholtz（1876）是最早提出注意力的学者，认为注意力就是心理活动在哪个方向上被引导的过程。James（1975）认为注意力被内在的资源牵制着，人在面对很多同时出现的刺激物或头脑中闪现的一系列想象时，只能选择一个或者一部分而排除其余的大部分，这个过程本质上包含两部聚焦（Focalization）与专注（Concentration），聚焦就是认知主体在众多刺激面前，选择那些主体有兴趣、有意义的刺激或者必须做出反应的刺激；专注是指在认知主体面对众多刺激，必须调动意志努力或认知资源去集中精力，以备接收到重要或有意义的信息。目前，大多数的学者都普遍认为在对注意力下定义时，应从多角度去探讨注意力，不应该把注意力看作单一的认知过程或信息通道，注意力应是一整套非常复杂的心理过程。

综合上述，本文主要采用心理学上对“注意力”一词的定义：注意（Attention）是心理活动对一定对象的指向和集中。是伴随着感知觉、记忆、思维、想象等心理过程的一种共同的心理特征。

2. A－S－K Pre 注意力项目

本文主要针对A－S－K Pre注意力模块部分的实施对学生注意力培养的影响。A－S－K Pre注意力模块的课程主要以“魔法学堂”的形式进行。

“魔法学堂”主要采用情境游戏与活动相结合的方式推进课堂，

“认识新朋友”“捉迷藏”“不一样的多莉”和“汉克的伪装”，这前4篇课文主要是引导学生认真观察，明确每个海洋生物形象的特点，寻找不同点，目的是培养学生的观察能力、学习如何进行观察的方法。A－S－K Pre注意力课程后面所呈现的游戏和活动任务，不仅需要学生认真观察，发现不同，要想成功地完成任务还需要稳定的注意力。如“汉克的七条触腕”“慢慢回家路”“多莉的管友”“在路上的物品”等几篇。

3. 认知发展能力评估

认知发展能力评估基于著名的心理学家斯滕伯格智力三元论中的智力成分亚理论。在认知发展过程中，个体通过接受新刺激，做出判断与反应，并且对新信息进行编码与储存。由于认知发展是一种获取和保存新信息的过程，因此会涉及注意力与创新能力的发展。

注意力是指心理活动或意识指向和集中某个对象的能力。本评估采用符号检索任务评估儿童的注意力，即儿童通过审视“寻找组”和“目标组”中的符号，并回答“目标组”中的符号是否出现在“寻找组”中。

本评估采用图画概念任务评估儿童的创新能力，即儿童需要在两排或三排图片中，每排选取一个，使图片中的物体组成一组有联系或有共同特征的事物。

二、A－S－K Pre注意力课程对注意提高研究设计

（一）研究目的和假设

本文在注意力研究相关文献分析的基础上，旨在通过分析学生认知发展水平报告中注意力部分前测和后测成绩，以及观察调查学生课堂注意变化，验证A－S－K Pre注意力课程对提高小学生的注意力方面是有效的。本文的研究假设为，A－S－K Pre注意力课程对提高小学生的注意力方面是有效的。

（二）研究对象

本文的研究对象是2017年刚升入一年级的748名新生，针对其中

一个教学班的37名学生的认知发展水平报告中的注意力前后测成绩进行分析，这37名学生在入学前均接受过正规的幼儿园教学。

（三）研究内容

本文的研究内容为A-S-K Pre注意力课程对提高小学生的注意力是否有效。下面我们将对该研究内容进行具体阐述。

注意力模块属于A-S-K Pre课程中的S类课程，是通过对新生注意力的稳定性和广度进行专门训练，逐步提高学生的注意力水平。该模块共6个课时，包括4个教学课时和2个测试课时（前测和后测各1个）。

（四）研究方法

本研究主要采用了文献综述法、教育实验法、观察法和行动研究法，具体研究方法是：我们首先运用了文献综述法对近年来关于注意力研究方面的文章进行了述评。其次，在教育实验部分，我们先用SPSS软件对学生认知发展能力注意力发展的前测和后测成绩的平均数分别进行了计算，在此基础上又对前后测两组实验数据进行了T检验，目的在于检验两组数据的显著性。最后，为了增强研究的科学性，我们通过观察法和统计法对学生在课程前后注意力的稳定性和注意力的广度进行了分析。

三、A-S-K Pre注意力课程对注意提高研究结果

（一）学生注意力评估数据分析

为了检测这门课程的实施效果，我们对刚进入一年级第二天的学生进行了认知发展能力（注意力）评估前测，经过8个课时注意力“魔法学堂”的课程学习之后，我们对学生的认知发展能力（注意力）进行了后测，一年级13班共有学生39人，其中前测参加人数为37人，后测参加人数为37人。我们收集了每个学生在测试前和测试后在注意力方面的得分，计算出样本集合测试前后的平均值，测试前63.79分，测试后69.58分。

通过对两次成绩的对比，我们发现学生的注意力成绩平均得分提

高了4.04分。为了进一步验证样本数据的有效性，我们利用统计学中经典的T检验方法进行检验。由于我们收集了学生前后测的两个样本数据集，因此我们采用配对双样本T检验。检验过程如下所述：首先我们设定零假设——学生前后测试的两个样本没有差别，即学生的得分在测试后没有得到提高。其次，根据两个样本数据，计算得到T检验概率为0.0146。最后，判定结果是：根据统计学家的发现，当概率在区间0.01到0.05之间时，数据之间具备了显著性差异。由于我们计算的结果位于该区间内，则我们拒绝零假设，从而证明学生在测试前后的数据具有显著的差异，即学生在测试后的得分具有明显的提高。

基于上述的统计结果，学生在测试前后的数据具有显著的差异，即学生在测试后的得分具有明显的提高，我们认为A－S－K Pre注意力模块的学习对提高学生的注意力水平是有效的。

（二）学生注意力发展观察

众所周知，学生的实际获得是检验一门课程是否有效的重要标准，为了验证A－S－K Pre注意力课程对提高学生注意力的作用，且鉴于一年级学生识字量有限不能采取调查问卷的形式，故在本研究中笔者采用了观察法。

心理学家指出，儿童注意力的稳定性持续时间是指孩子从事学习如写作业等“费神、费劲”的事情的时间。学习是要“费神、费劲”的事情，它需要孩子主动、持续地注意并不感兴趣的目标，而看电视、玩新奇的游戏是不需要“费劲”的，主要是被动注意起作用，所以能坚持很久。一般来说，在良好的教育环境下，3岁幼儿能集中注意3～5分钟，4岁幼儿能集中注意10分钟，5～6岁幼儿能集中注意15分钟左右。但是在游戏的条件下，2～3岁孩子注意持续时间可以达到20分钟，5～6岁孩子可达到96分钟。

本文的研究对象是刚升入小学一年级的小学生，所有学生都是法定年龄6周岁入学，因此本文所对应的研究对象课堂学习集中的标准时间应该是在10～15分钟。因此，本文将把研究对象的A－S－K Pre注意力课程实施前学生语文课堂注意力保持时间与A－S－K Pre注意力课程“魔法课堂”注意力保持时间进行对比（表 3－3）。

表 3－3　语文课堂和“魔法课堂”学生注意力保持时间人数对比

时间	语文课堂注意力人数	“魔法课堂”注意力人数
20～30 分钟	5	13
15～20 分钟	8	22
10～15 分钟	19	2
5～10 分钟	5	0

通过数据对比，我们发现学生在 A－S－K Pre 注意力课程“魔法课堂”注意力保持时间明显优于语文课堂，甚至远远优于同龄儿童注意力保持的标准时间。

通过上述实验分析和观察分析发现，学生注意力前后测的成绩有了明显提高，且通过 T 检验，两组数据的 T 检验概率具有明显差异；学生在课堂中的注意力保持时间有了明显增长。因此，我们认为 A－S－K Pre 注意力课程对提高学生的注意力是有效的，它是培养和发展学生注意力的一种有效途径。

四、A－S－K Pre 注意力课程对注意力提高是否有效的讨论及反思

良好的注意力是学生获取知识、发展能力的基础和关键。人的注意力是可以通过有效的途径进行培养和发展的，而我们所讨论的 A－S－K Pre 注意力课程通过分析和实验被认为对培养学生的注意力是有效的。但是，由于我们能力有限，加之各种客观因素的影响（如缺少对照组），本研究也存在需要改进和提升的地方。下面我们将从 A－S－K Pre 注意力课程有效性的原因和本研究需要改进和提升的地方两个方面进行讨论和反思。

（一）讨论

是什么吸引了学生的注意力？是什么让容易走神儿的学生都能保持高效的学习状态？为了探究 A－S－K Pre 注意力课程“魔法学堂”究竟是如何提高学生的注意力问题，我们对其学习内容进行了分析。

第一，“魔法课堂”的内容设置符合学生的认知发展水平。该课程以学生喜闻乐见的动画片导入，将动画片中的人物形象渗透到学生的学习生活中，采用共情手段让学生感受到它们就和自己一样，拥有一样的快乐和烦恼。

第二，该课程的内容设置具有极强的趣味性。该课程通过动画片和游戏大闯关的形式，引导学生逐一完成任务，让学生感觉自己不是在学习而是在和动画片中的好朋友一起快乐地玩游戏，让孩子在轻松愉快的情境中发现问题、分析问题、解决问题。这种形式不仅有利于激发学生的学习兴趣和求知欲，也有利于培养学生的专注力。

第三，该课程的设置关注学生思维的培养。该课程对培养学生的注意力起到的关键作用是：通过引导教会学生如何在发现问题、思考问题中寻找解决问题的方法。如第一课时的“认识新朋友”环节，目的是通过引导学生发现不同动物的特点，掌握闯关游戏的方法，即寻找不同或相同。从另一个层面上也培养了学生静下心来专注于一件事情的能力，即通过游戏培养了学生的专注力。在注意力模块的教学过程中，我注意到在游戏闯关过程中，学生为了闯关成功，都必须静下心来，集中精神在要解决的问题上。同时，我发现，学生在掌握了如何能解决问题的方法后，后面的闯关速度明显高于之前在探索阶段的速度。

第四，该课程在闯关游戏设置方面，遵循了先易后难、先简后繁的认知规律。在开始阶段设置简单的游戏，如第一课是“认识新朋友”，引导学生发现每个新朋友的特点，这一任务对学生来说比较容易，但是随着学习内容的深入，闯关游戏的设置越来越复杂。这样设置的目的主要有两点：一是开始游戏比较简单是为了增强学生的自我效能感，体验成功的喜悦，增强学生完成闯关游戏的信心；二是激发学生的好奇心和征服欲，学生对于闯关游戏总是充满无限兴趣和征服欲的，如果游戏太简单反而挫伤了学生的兴趣，学生会觉得无趣而不愿继续下去。

（二）反思

通过对8课时的A－S－K Pre注意力模块“魔法课堂”上学生行为表现的观察和课下对学生们对这门课程的喜爱度的调查：孩子们对

这门课程的喜爱度远远超过其他课程。本研究的局限性表现在以下几方面：

首先，本研究的研究对象只是对接受过“魔法课堂”课程的学生注意力的测验，对未接受过该课程同等水平学生的注意力未进行检验，对实验结果有一定的影响。但由于本研究是为了验证“魔法课堂”课程的实施对同一批学生注意力的影响，因此本文未采用对照组测验。

其次，通过文章第三部分的分析，我们认为课程内容设置的科学性、趣味性是吸引学生注意力的主要因素。作为一名语文教师，笔者认为为了提高学生对语文学习的兴趣，吸引学生的注意力，我们可以将“魔法课堂”的设置理念引入语文课堂。

再次，课堂参与不仅仅是学生在没有太多督促的情况下自愿发言，还包括关注老师和同学的表现，专心听讲，积极思考，以及全神贯注地参加课堂活动。作为课堂的组织者和教导者，教师应该组织高效课堂，从而引导所有学生都积极参与课堂活动；创造一种能激发学生学习兴趣的课堂氛围，培养学生高层次的思维能力；“魔法课堂”设计能够完全达到教学效果的教学活动。

最后，学生良好的注意力品质是可以被培养的，教师要注意通过适当的方法指导和必要的训练，努力提高学生的课堂注意力，使学生能深入、细致地观察和思考，在获得知识的过程中，形成丰富的学习体验，获得更充分的发展。久而久之，学生会将注意力集中作为良好的学习习惯。

（卢明文）

浅谈幼小衔接中一年级学生适应能力的培养

小学一年级是儿童身心发展过程中的一个重要转折期。从幼儿园到小学，帮助儿童顺利度过幼小衔接期，不仅关系到儿童整个教育阶段的连贯性，更对儿童的长远发展产生影响。幼儿与小学生在身体发展水平上存在着差异，需要在一年级入学之初，根据学生的身心发展特点来进行培养。

一、研究综述

（一）概念界定

1. 幼小衔接

幼小衔接是指幼儿园和小学根据儿童身心发展的阶段性和连续性规律及儿童终身发展的需要，做好幼儿园与小学两个教育阶段的衔接工作。教育工作者必须根据幼儿园和小学不同阶段的特点，处理好幼儿园与小学两个不同教育阶段的对接工作，使学生尽快适应小学生活。

2. 适应性教育

适应能力是学生在学习过程中，能够主动调整自我的身心状态以适应变化了的学习环境的一种能力倾向。基于幼小衔接阶段儿童的身心发展特点，一年级学生的学习适应性主要体现在学校环境、学习方式、人际关系等方面。因此，学校适应性教育是学生在学校环境中，在教师的引导教育下，能够遵守学校行为规范，养成良好的学习习惯，与他人融洽相处，从而实现德智体美劳全面发展。

（二）研究现状

1. 幼小衔接研究

孙明珠在《当前幼小衔接存在的问题及其解决对策》一文中，认为应该对幼儿开展学习的适应性教学。幼儿园阶段教师对于儿童的行为更具有包容性，但是到了小学，学生就必须具备规则意识，必须遵守小学的规章秩序，所以在幼儿园阶段教师就需要提前对幼儿开展适应性教学，让幼儿可以顺利适应小学生活。郑华在《幼小衔接视角下学生学习适应能力的培养分析》中提出，儿童阶段的教育是以游戏形式为主的，而小学阶段的教育是以课堂教学为主的，两者在教学内容、教学方法和教学形式等方面有很多差异。因此，小学阶段的教师要积极转变教学模式，按照学生的身心发展特征应用多样化的教学方法，帮助小学生接受与掌握新知识，使其更快、更好地适应小学生活。

2. 一年级学生适应性研究

刘茂根在《浅谈一年级入学教育》中指出了幼小衔接中存在的养成教育、启蒙教育以及使儿童完成角色转换的三大任务。养成教育指小学新生对良好的学习态度的养成，比如尊敬师长、团结同学、遵守学校规章制度等。启蒙教育则指的是对启蒙知识的学习，包括对学习方法的逐步掌握。邓祎在《幼小衔接视角下小学一年级新生入学初期适应现状研究》中，认为小学一年级新生的学校适应包括环境适应、学习适应、人际适应和生活作息适应几个方面。王余幸在《小学新生适应不良成因探析》中指出，幼小衔接工作能使儿童、教师、家庭、小学、幼儿园建立联系，共同计划与合作，还能够吸纳社会中的力量，共同为儿童从幼儿园到小学的顺利过渡提供社会支持。有效的幼小衔接工作能够构建融洽的亲子关系、同学关系、师生关系，构建适应儿童发展的和谐、人性化的学校教育环境，因而对小学一年级学生的学校适应形成积极影响。

综上所述，幼小衔接的目的是使小学一年级学生获得良好的学校适应状态。幼小衔接工作直接影响小学一年级学生对学校的适应程度，只有结合分析学生适应能力发展的因素，进行有的放矢的适应性教育，才能帮助学生顺利完成从幼儿园到小学的过渡。

3. 影响一年级学生适应性的因素

第一，身心发展特点。儿童的身心发展具有阶段性和连续性的特点，由幼儿向小学生的过渡过程中，适应性教育尤为重要。小学阶段是儿童从形象具体的思维向抽象思维转变的时期，学龄前的儿童形象思维占据主导，而入学后的儿童抽象思维的比重越来越大。刚入学的一年级新生还具有学前儿童的特点，对图形、图画等具体形象较为感兴趣，在观察中也会保持一定的注意力。在一年级学生的注意力发展中，学生经常受到无意注意的影响，不能按照老师的要求有计划地感知事物。此外，在认识事物方面，仅仅关注事物的表象，全面、细致地观察事物对他们来说有一定的难度，分析事物之间联系的能力也有待提升。从幼儿园到小学，教师在教学方式上也经历着从以游戏为基本活动的教学方式到正规的课堂教学方式的转变，面对这两个重大的转变，学生自然而然地会变得困惑，不知所措，为了让他们能顺利地度过这个转折期，需要教师掌握一年级新生学校适应教育的问题和对策，掌握了小学生的身心发展规律和特征，可以有针对性地提出相应的有效的策略。

第二，学习方式的转变。幼儿园与小学在学校管理制度、课程设置、教师的教育教学方式等方面都存在着较大差异。首先，小学管理制度与课程设置的正规性，很容易造成新入学儿童的不适应。而在过渡时期，学习方式的转变对学生产生了重要影响。幼儿园时期的学习方式多以游戏为主，教师的教学方式也是寓教于乐或者在游戏中教学。其次，幼儿园课程内容较为轻松和简单，知识容量相对较小，对于儿童的专注力和接受能力要求较低。而小学课程设置丰富，并且涉及学习任务完成、学业成绩考核、学习能力评价等多个方面，学业压力、教师和家长的期望的增大等，都会造成学生在此阶段的不适应。

第三，家庭教育的差异。家庭教育的差异性也是影响一年级新生适应性问题的重要因素。家长作为儿童成长的第一责任人，也是儿童的最初教育者。因此，家长的教育观念、家庭环境、教育方法等都会造成儿童在入学适应性方面出现差异。在入学前，家长的教育引导会影响儿童对于小学生活的接受程度。一些家长对幼小衔接不够重视，没有积极引导孩子接受小学生活，就会加大其出现适应性问题的可能性。

二、基于 A－S－K 课程项目，史家小学幼小衔接的培养及其效果

从幼儿园到小学一年级过渡，需要学校对学生进行适应教育，帮助新生做好学习、生活等各个方面的各项准备。史家小学一年级校区注重对学生的适应性培养，与北京教科院基础教育科学研究所共同合作了 A－S－K 课程项目，围绕学校教育工作，从校园环境的适应、课堂规则的适应、日常行为规范等方面对学生进行一系列的习惯养成教育。

（一）校园环境的适应策略与效果

在学校环境适应教育上，学校教师起着主要的引导作用。教师在开学的第一天进行了学校环境适应教育，让学生尽快熟悉小学校园。首先，教师担任导游带领孩子参观校园的教学楼、操场、教室、楼道、楼梯等重要场所，进行各项设施的功能介绍。在学生逐渐熟悉校园环境后，继而开展“画校园”的活动。学生通过画笔画出心中美丽的校园，不但提升了学生对校园环境的熟悉度，也激发了学生对校园环境的喜爱。其次，教师通过 A－S－K 适应性课程，利用虚拟形象小鱼多莉，引导学生带着多莉了解学校环境，进一步明确学校特定空间的功能与位置。课堂中，学生通过帮助多莉解决问题，分享自己适应学校环境的各种方法，并鼓励大家以积极乐观的态度适应学校新生活。

人际关系的适应也是学校环境适应的重要组成部分。尽快对各科老师、班级同学的认识了解，有利于消除一年级新生在人际交往中的不适。在开学之初，教师就会组织学生进行自我介绍，同时利用 A－S－K课程中“认识新朋友”一课，让学生们介绍开学一周认识了哪些朋友，是怎么认识的，同时也培养了人际交往的能力。

（二）学生学习方式改变的策略与效果

小学与幼儿园最大的区别就是学习方式的改变，主要表现在课堂

学习与教师教学方式的改变。为了帮助学生尽快适应小学生活，学校一年级出版了《童蒙养正》作为新生入学的启蒙书籍。书中由老师们自编了18首韵化儿歌，将小学生日常行为准则融入儿歌中，规范学生的日常行为。其中，《课堂篇》内容有："上课了，快坐好。身坐正，看前方，铅笔盒，放中央。书和本、放左边。认真听、用心想。诵与读，声洪亮。"涵盖了上课坐姿、书本摆放、听讲要求等一系列课堂规范，让学生在简单易懂、朗朗上口的儿歌中逐步适应小学的课堂要求。

进入小学，学生要正式、系统地学习知识，因此在课程设置上与幼儿园有很大的不同。课堂方式转变与知识量的增加要求教师要充分把握学生的心理特点，除了采取直观形象的教学方式外，必须变换组织教学的形式。如在语文教学中的"读"，就可变换七八种方式。一堂课中，教师通过各种朗读方式吸引学生的注意力，调动学习兴趣。在实施A－S－K注意力课程中，设置了"闯关""找不同""连线""数数"等一系列游戏教学。学校教师们基于此类课程，在自己学科的教学中也适时增加了游戏内容，充分调动学生的感官，并在动口、动手、动脑中增强学习效果。如英语学科在每节课教学环节转换之间，教师穿插简短的节律操歌，动作由教师自己设计，配上动感音乐，教会学生后，只要学生一听到音乐，就能达到站在座位旁的过道上有节奏地动起来的要求，不仅调动了学生上课的积极性，而且减少了因上课时间长而造成的心理疲劳。

（三）日常规范的学习与效果

学生开学后，学校一年级的班主任和科任教师，结合课堂教学及日常生活，抓好"开学第一天""开学第一周""开学第一个月"三个重要时期，进行学生基本习惯养成的训练。在"一日常规"的训练中，教师结合《童蒙养正》中的韵化儿歌，循序渐进地进行整理，进行就餐、队列、放学、上操、安全、游戏等各项校园基本常规活动的培养。根据学校每天作息时间和课程安排，校长、行政部门、年级组长抓好年级的教育管理；班主任和科任教师则以班为单位，抓好班集体的习惯形成训练。通过各有侧重的齐抓共管，学生在开学的第一个月就对小学生活有了很好的适应，并且开始有意识地遵守学校的日常规范。

三、讨论与结论

做好幼小衔接，不仅能帮助儿童从幼儿园阶段向小学阶段过渡，而且能够使他们达到小学的要求，从而让学校为每一个儿童顺利适应小学做好准备。史家小学通过新生入学的适应性教育，在学校环境、学习方式、日常规范等方面帮助学生完成从幼儿园到小学的过渡。但在幼小衔接的过程中，还需要幼儿园、学校和家庭三方的共同努力与协作。因此，针对幼小衔接中一年级学生的适应性问题，还应该做到以下几点。

首先，加强幼儿园的入学准备教育。幼儿园在学生步入小学之前应该做好必要的入学准备，例如对儿童学习习惯、态度、学习方法的调整等，都是影响一年级学生学习的重要因素。此外，还可以合理安排作息制度，与小学作息时间良好衔接，减轻学生入学后的不适。幼儿园还要与小学进行沟通联系，潜移默化地训练小学生活所需要的基本能力，让学生更快地养成良好的行为习惯。

其次，加强幼小衔接适应性的课程建设。通过史家小学开展的A－S－K适应性课程的实施，可以看到专门的适应性课程对学生成长的影响力。学生在游戏中学习让学生课堂的参与性和积极性有所提升。基于此，教学中明确把握好幼小衔接阶段儿童游戏与学习的关系，使单一的课堂教学授课方式转变为把游戏引入课堂，并组织适合儿童身心的、生动活泼的、充满童趣的课外活动等多种学习方式。

最后，加强家校之间的联系。家庭教育在儿童从学龄前到小学的过渡阶段的适应性发展方面起着重要作用。这就要求教师在促进儿童身心健康、德智体全面发展，注重个体差异的同时，一定要密切联系家长。加强与家长的沟通也有助于教师全面了解学生，帮助学生克服适应性问题。只有真实全面地了解学生适应学校的情况，才能做出适当的反应，与家长一起帮助孩子顺利适应小学生活，过渡好人生的重要时期。

（张　蕊）

幼小衔接阶段小学低年级学生英语阅读能力培养

一、研究背景

（一）选题缘由

英语阅读能力是学生英语学习中非常重要的一项技能。新课标对小学英语阅读提出了明确的要求：能借助图片读懂简单的故事或小短文并养成按意群阅读的习惯。

在教学过程中，我发现所教低年级学生英语阅读能力弱，体现在以下几个方面：第一，学生英语词汇量小，短语积累不足；第二，学生缺乏阅读方法和策略，遇到新词不会猜词悟意，不能结合上下文理解句意；第三，学生缺乏对英美文化背景知识的了解，影响了对事物的理解；第四，学生没有阅读兴趣和自主阅读习惯。教师教学方面的原因如下：第一，教学策略上更关注词句的学习与巩固，而不是对语篇的感知和理解；第二，教师更多关注学生对课本知识的掌握，忽视了对学生阅读习惯和技能的培养；第三，忽略了学生在阅读过程中遇到的困难，特别是英语学习能力弱的学生。

（二）研究的目的和意义

现实意义：通过本研究，能够探讨培养学生阅读能力和阅读习惯培养的方法，较好地实现新课标提出的学生在小学阶段达到万字阅读量的目标。

理论意义：探讨适合小学低年级学生的英语阅读教学模式。以培养英语学习能力弱的学生自主阅读的习惯为目的，提高全班阅读能力的教学模式。

个人意义：通过这项课题研究，促进自身专业的发展，提高教育教学水平。

我认为小学低年级学生英语阅读方面的问题研究，具有十分重要的意义。因此，我把这项行动研究作为一个课题来研究，主要针对英语阅读能力弱的学生开展。

二、文献综述

（一）概念界定

“阅读能力”的概念及构成要素。关于阅读能力的定义有很多，如：“阅读能力是指从书面材料中获取信息的能力，主要包括语言能力、推断能力、分析归纳能力和快速阅读能力四个方面。”“阅读能力是指掌握和运用所学语言知识，顺利地完成阅读文章、获取书面信息的能力。”“我们所谓的阅读能力是指阅读精确度和阅读速度两者的综合能力。精确度指的是要迅速地抓住所读材料的中心大意。阅读速度指的是规定一分钟之内读多少个词。”简单说，阅读能力就是指运用知识和经验顺利完成阅读活动的本领。一般而言，知识、技能、心理和思想是构成阅读能力的主要因素。所以学生阅读能力的提高需要有广博的知识、熟练的技能、健康的心理和正确的观点。鉴于前人对“阅读能力”的界定，在我研究的课题中，对“阅读能力”的界定是：阅读能力是指从书面材料中获取信息的能力，主要包括语言能力、推断能力、分析归纳能力和快速阅读能力四个方面。

（二）影响英语阅读能力的因素

1. 教师因素

教育硕士陈朝君在2010年硕士研究论文中提到，教师进行阅读教学时，有以下问题：重词句识记，轻篇章理解；重口头输入，轻文本输入；重口语交际，轻文本理解；重文本直接信息，轻文本多元理解，重课本精读理解；等等。张冠群（2009）在硕士论文中也提到，教师阅读教学策略重精读轻略读，重细节轻整体，重讲授轻指导。我认为，这种教学模式不利于培养学生自主阅读的习惯，教师没有以学生为主体，只关注教，没有关注学生的学，没有关注学生学习能力的差异，如果长此以往，会出现两极分化的现象。

2. 教材因素

左映群（2013）认为，学校缺乏英语阅读氛围，校园英语阅读活动少，图书馆英语藏书缺乏。陈朝君（2010）认为，学生平时阅读的英语材料非常局限，主要的渠道是英语课本和教师上课提供的阅读篇章。张冠群（2009）认为，阅读材料单一，课外补充阅读少，很难满足学生阅读的要求。以上三位作者都提到阅读环境和阅读读物是影响学生阅读能力的重要因素，我认同这个观点，好的英文读物能够引发学生的阅读兴趣，在阅读中，能够增加词汇量，提高阅读速度，有利于学生自主阅读能力的培养。

3. 学生因素

张冠群（2009）认为，学生阅读习惯不好，阅读量少。左映群（2013）认为，学生学习英语的决心、态度、自信、兴趣和文化背景知识以及对母语的理解能力等，对学生阅读都有一定程度的影响。我认为培养学生自主阅读习惯，提高阅读能力，一定要从多方面关注。大量的文献综述指出了影响学生阅读能力的因素，但对于学习能力较弱的学生没有具体说明，所以我想通过本次行动研究找到问题根源，通过实践培养其自主阅读的习惯和策略。

三、研究方案

（一）研究目的

本研究的重点是对学习能力弱的学生阅读能力培养的行动研究。研究对象是小学低年级英语阅读能力弱的学生。旨在通过小学低年级学生英语阅读能力培养的行动研究，归纳总结出更加翔实的方法和策略，有效帮助英语学习能力弱的学生提升阅读能力，并培养阅读习惯，树立自信。与此同时，能够提高学生英语学习的兴趣，掌握阅读的技巧和方法，能够阅读更多课外书籍，提高阅读能力，养成自主阅读的习惯。

（二）研究方法与过程

通过研究实施，培养学生的英语阅读能力，采用绘本阅读、文本阅读方法，以个人阅读、小组阅读的方式开展。同时准备采用访谈法和问卷调查法收集研究数据。

1. 访谈法

本次访谈的主要对象是英语学习能力弱的学生及其家长。访谈目的一是通过对选定学生的访谈，了解他们的阅读兴趣、阅读习惯、阅读方法、阅读时间、阅读的书目、阅读量以及在英语阅读活动中存在的问题。二是制订可行计划实施，争取培养学生自主阅读的习惯，提高阅读能力。

访谈内容：（1）学生对英语阅读的兴趣如何？对英语阅读的看法怎样？（2）学生所获得的英语阅读的材料主要有哪些？（3）学生在阅读的过程中会遇到哪些问题？采用哪些方法？（4）学生在阅读之后都有哪些做法？（5）学生在课外都有哪些阅读材料？是怎样做的？最大的困难是什么？

2. 问卷调查法

调查对象是学生家长。调查目的是了解家长对孩子英语学习的态度，并达成一致目标，制订可行计划，家校协作，帮助孩子解决学习中的问题，争取培养学生自主阅读的习惯，提高阅读能力。

调查内容：（1）家长对孩子英语学习的态度；（2）家长的文化程度，能否给孩子进行辅导；（3）每周与孩子共同阅读英语的时间；（4）为孩子选择什么样的课外英语读物；（5）是否给孩子选择合适的英语课外补习班。

3. 行动干预法

干预内容：（1）依据调查和访谈结果为学生推荐适合他们的课外阅读读物；（2）学生可以选择自己喜欢的阅读方式进行阅读；（3）培养学生掌握多样的阅读方法；（4）将阅读与课堂教学方式相结合；（5）阅读时间的培养。

（三）研究思路

本研究基于当前我校英语阅读教学中的现状与问题，提出适合我校情况的行动策略，进一步探查行动研究的结果，包括学生的自主阅读习惯、阅读能力、文本把握能力等。此外，通过对行动研究过程的反思，进一步思考阅读教学中存在的新问题，开展新一轮行动研究。如图3－2所示。

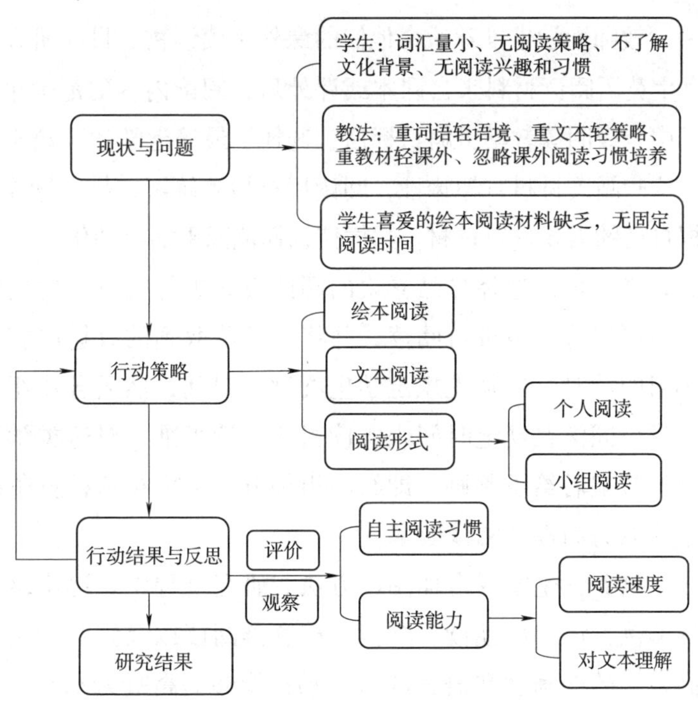

图3－2　研究思路

（四）研究计划

2017年4—6月，课题确定，课题实施。

2017年7—12月，实施计划，收集数据。

2018年1—7月，具体实施（学生进行阅读学习）。

2018年10月，结题，总结论文成果。

四、结果分析

（一）访谈与调查问卷的分析

通过访谈与调查问卷了解学生阅读情况，通过调查了解到以下情况：（1）80%的学生阅读材料来自课本或课外班。（2）30%的学生没有自己喜爱的课外阅读书籍。（3）50% 的学生没有固定的阅读时间。（4）35% 的学生阅读中遇到困难不能及时得到帮助。

（二）行动干预的结果分析

第一，教师为学生推荐适合他们的课外阅读读物。目前研究对象中 80% 的学生英语阅读材料来自课本或课外班，阅读内容的范围小。教师在明确了中年级阅读教学策略目标后，选择了最接近学生英语水平的阅读书籍，这些阅读材料有趣味性，阅读后有检测练习，易于操作。学生也可根据自己的需要进行选材。这样使选择范围更加合理化。

第二，学生可以选择自己喜欢的阅读方式进行阅读。他们可以独自阅读，也可以分小组进行阅读，并将自己获取到的有趣内容进行分享。分小组阅读时，老师先规定学生阅读的时间，然后分小组，看哪个小组、哪位同学在规定时间内既读得快又读得准。对这类学生教师检查过他的答案后给予奖励，即给小组加分。学生在这种竞争的氛围中会集中注意力而提高阅读效率。

第三，培养学生掌握多样阅读方法。研究过程中，逐步培养学生掌握多样阅读方法，如朗读、默读、按意群阅读以及限时阅读。朗读可以提高发音的准确性和语言的节奏感，能够提高听力水平，有助于学生增强英语思维能力，还有助于提高学生的写作水平。在日常的课堂教学中，会留给学生充分的时间进行朗读练习，也鼓励学生在家中大声朗读。学生在校午休时间阅读时，要求他们尽量默读，这样教室里形成一种安静的良好氛围。出声阅读时学生会受发音的影响，只能逐词阅读，速度慢，而且易疲劳，不能持久，还会干扰他人。研究过程中也发现，小学生在默读时经常一个单词一个单词地认，既影响阅读速度，又阻碍对句子的理解。所以一开始就培养学生以意群为单位认读，才能进一步加快阅读速度，提高阅读效率。在阅读训练时要求学生尽量在所限定的时间内阅读完毕，提高限时阅读能力。这种习惯养成后，可以增强学生阅读的时间观念，提高阅读速度。

教师则通过为学生搭建展示平台，让学生以朗诵、表演小剧本等形式进行展示，学生在展示的过程中发现自己的优势与不足，取长补短，逐渐提升自身能力。通过一次次的绽放，学生树立了自信，使语言表达更加流畅，阅读兴趣更加浓厚。

第四，阅读与课堂教学相结合。在日常的课堂教学中，教师将教材内容进行合理的整合，并结合课外阅读知识进行讲解，使教学主题内容更加鲜明，教学内容更加丰富。比如，学习用餐时的语言，学生能够分享中西餐文化的差异。分享后的喜悦及小小的成就感，能够使学生保持持续阅读的兴趣。

第五，阅读时间培养。目前研究对象中50%的学生在家中没有英语阅读的时间，所以安排学生利用在学校半小时左右的午休时间进行英语阅读。在阅读过程中，教师随时解答学生提出的问题。经过一段时间的练习，学生掌握了朗读、默读、按意群阅读、限时阅读等方法。阅读专注度提高了，阅读时间延长了。如表3－4所示，学生阅读时间能够从之前的10分钟延长到现在的30分钟。

表3－4　学生阅读时间对比

<table>
<tr><th>项　目</th><th>阅读时间</th><th>原因分析</th><th>改进方法</th></tr>
<tr><td>第一次记录</td><td>10分钟</td><td rowspan="3">学生的单词量有了明显提升，能整体理解文章进行答题，遇到不会的词语能够猜词悟意，进行分析，理解句意后答题</td><td rowspan="3">继续培养学生养成阅读习惯，掌握答题技巧，答题时能在答案处做“____”标识，为以后高阶阅读做准备</td></tr>
<tr><td>第二次记录</td><td>20分钟</td></tr>
<tr><td>第三次记录</td><td>30分钟</td></tr>
</table>

五、总结展望

通过本次行动研究发现，学生逐渐养成了良好的阅读习惯，阅读能力也逐步提升。在阅读的过程中，学生能够摘抄自己喜欢的句子或段落，遇到自己不会的单词随时记录下来，或问老师或查阅词典，以此方式积累词语，增加单词量，为提高阅读水平打好基础。

学生不仅能够在学校阅读英文读物，而且在家中也能主动阅读。通过平时与家长的沟通交流，大部分的家长能够在家中陪伴孩子进行阅读，并随时记录孩子遇到的问题，及时与老师沟通解决。

在一年的研究中，笔者按照研究设计，首先对学生进行问卷调查，给学生推荐合适的阅读书籍，安排校内集体阅读时间，教授阅读方法，采取展示与评价相结合的方式激励学生保持阅读热情，同时家校结合帮助学生解决阅读中遇到的困难。

通过一个学期的实践，学生的语言能力、推断能力、分析归纳能力和快速阅读能力都有明显提升。结果测试数据分析显示，阅读得分率比以往增高（见表3－5）。

表3－5　学生阅读得分率对比

项　　目	阅读得分率	原因分析	改进方法
第一次单元检测	65%	学生的单词量有了明显提升，能整体理解文章进行答题，遇到不会的词语能够猜词悟意，进行分析，理解句意后答题	继续培养学生养成阅读习惯，掌握答题技巧，答题时能在答案处做“____”标识，为以后高阶阅读做准备
第二次单元检测	75%		
第三次单元检测	80%		

本阶段的课题研究，笔者对低年级部分学生进行了阅读能力的培养。通过研究，学生的阅读习惯逐渐形成，阅读时间延长了，阅读效率提高了，阅读兴趣浓厚了，学生能够将所学知识运用于生活中。

同时，笔者在研究过程中不断发现问题改进方法，如阅读材料的选用，阅读技巧与方法的讲解，阅读后能力检测统计等是在同等条件下进行，不能满足不同程度学生的需求。

在下一阶段的研究中，笔者会尝试使用分层阅读的方法，针对不同程度的学生制订不同的计划，尝试达到更理想的结果。

附 篇

共创未来素养培养的现实路径

——“史家小学学校品牌提升”项目总结

“史家小学学校品牌提升”项目是北京教科院与史家小学合作实施的学校发展项目。

2014 年北京市基础教育开始深化综合改革，形成了北京教育的新常态，给北京教育营造了新的发展环境，带来了新的发展机遇。2016 年，《中国学生发展核心素养》发布，影响着未来教育的改革方向。史家小学有 80 余年的发展历史，是北京市乃至全国的名校。“和谐教育”是该学校的办学特色，形成了较为完善的和谐育人体系，现已经成立史家教育集团。史家小学如何抓住这一历史发展机遇，推动学校品牌进一步提升，带动集团共同发展，面临一系列新的挑战与问题。

2016 年 9 月，史家小学与北京教科院就双方深入合作，支持史家小学进一步提升学校品牌达成初步合作意向，并计划于次年启动项目。

启动：定位、设计

2017 年 8 月 25 日，史家小学学校品牌提升项目正式启动。项目周期为三年，目标是在新的发展阶段提升学校品牌内涵，彰显学校办学品质。

项目聚焦于两个问题：一是如何深化史家品牌内涵并带动集团发展。在深综改、集团化的新背景下，面向未来教育发展需求，学校如何做出新的回应。二是学校如何回应核心素养培养的要求，开发、实施基于核心素养的史家课程体系，培养学生的核心素养。

项目落实为两大主要任务：一是通过科学方法进行品牌诊断与定位、品牌设计与实施、品牌评估与宣传，进一步提升学校品牌。二是聚焦于新时代核心素养，在北京教科院基础教育科学研究所先期开发的 A－S－K 课程体系的基础上，开发实施 A－S－K 史家课程体系，为学生终身学习、终身发展和适应未来社会奠定基础。

尝试期：共识、进步

项目启动后，开始分年级、分主题开展尝试期的实验。A－S－K 史家课程实验在一年级全面开展，品牌提升研究深入二年级，对伙伴文化进行调研分析。尝试期项目的典型特征是共识、进步。双方就项目的定位、实施等形成了多方面共识，完成了史家小学品牌提升调研报告、A－S－K 史家注意力模块课程、适应与自信模块课程的开发与实施，项目进展显著。

学校品牌提升研究，针对二年级开展品牌现状调研、品牌发展分析、品牌提升实践设计。从品牌联想、品质认知、回忆性等多个维度，建立指标体系、多方收集数据、科学解读数据，得出对“伙伴”品牌的认同度较高、对“伙伴”品牌的情感感知较高、教师对“伙伴”品牌的深化发展具有较强期待等结论，形成史家小学品牌提升调研报告，对伙伴内涵进行深入分析，对伙伴价值再开发，并根据学校基础进行活动改进尝试。

A－S－K 史家课程实验就 A－S－K 课程是什么，课程的定位、内容、实施方式、实施原则、流程，教师培训等，与一年级教师达成共识。

A－S－K 课程是北京教科院开发的课程体系。它是以培养学生的态度（Attitude）、技能（Skill）和知识（Knowledge）为基础，以发展学生核心素养为目标的，通过（Pre）课程、学科攻关课程、融通课程进行进阶式培养，为学生终身学习和发展、适应未来社会奠定基础的课程体系。

本学期开展的是 Pre 课程。Pre 课程侧重衔接，基于已有的儿童认知发展理论基础，并利用现代信息化教育技术手段，针对“学习品质”和“认知基础”为学龄儿童打造一系列以游戏化为特色的幼小衔接过渡课程。

依据“提供—选择—实践—共创”的课程实施方式，北京教科院提供注意力、表达力、想象力、适应与自信、数学初步、科学初步六个模块的 Pre 课程，史家小学本着稳步推进的原则，选择了注意力、适应与自信两个模块的课程，在一年级 18 个班全面开展实验，并在两个班做重点跟踪。

课程实验按照课程提供、前测、课程实施、后测、课程效果的流程开展。项目组为老师提供课程情境片、教案、教师用 PPT、魔法手册（学生用）、教师活动手册、教师培训手册等全方位的资源支持，并就课程实施提供针对认识、定位的通识性培训，针对模式、关键点的针对性培训，针对实践改进的实战性培训以及引路课观摩的示范性培训。

基于这些共识，A - S - K 史家 Pre 课程开展了第一轮实验探索，成效显著。以注意力课程为例，一年级 651 名同学参加了前测与后测，注意力测试平均分由 65 分提升到 69 分，常模位置由 67% 提升到 75%，注意力较高水平的学生比例由 63.13% 提升到 80.03%，前后测差异显著（$t = -4.807$，$p < 0.01$）。参与实验的教师更是在理论认识、教学模式等方面发生了改变。教师们知道了注意力是指人的心理活动指向和集中于某种事物的能力。它是一种心理活动，不等同于认真听讲。游戏情景、实践活动、问题解决与反馈等被引入课堂，并做了“巧用课前三分钟，抓住学生注意力；精心设计教学，保持学生注意力；活用教材练习，增强学生注意力”等课堂实践的转变。

探索期：实践、共创

在初步尝试后，项目进入探索期。这一阶段的定位是解决两个问题，第一个问题是使每个人都成为知识的生产者。第二个问题是北京教科院作为一支外来的专业支持的队伍，要怎么样支持，支持到什么程度。因此，这个学期的关键词叫作实践和共创。从哲学意义上来讲，实践太复杂了，这里实际只抓一个特征，就是能动性。怎么让人“能动”做这件事情？主要指向个体，个体能否发挥能动性。什么叫共创？主要指向团队，团队是否能够发挥集体智慧，达到一个创造的结果。也就是说，在这个阶段主要解决个体提升和团队提升的问题，通过提升真正让科研机构强有力地支持学生的发展。

当我们作为知识的生产者进行实践、共创时，必须要解决三个层面的问题：第一个层面解决的是技术性的问题，第二个层面解决的是实践性的问题，第三个层面解决的是解放性的问题。这三个层面的问题针对的对象是不一样的，项目的关注点也不一样。在技术层面，关注的是寻找有效的教学策略，怎么把这节课高、精、准地让学生学会，而且指向其今后的核心技能或者是核心素养的培养。在实践层面，关注的是学生在情境里的发展，其中又关注三个点，即个体差异、学校的教学生活和实际生活相联系、学生的因材施教。在解放性层面，关注的是怎么让学生真正自主发挥，让学校成为学生释放天性、发挥能力的地方。

作为一个外在的力量，怎么支持教师？不是在专家培训后任由教师自主发挥，而是进行共同体建设。在建设共同体时，强调四点：（1）意义感，更多的是一种观念性的认同；（2）设计感，强调把观念设计体现出来；（3）共情力，能让别的教师感觉到你的观念也不错；（4）故事性，能很好地介绍自己的教学活动。

这一学期围绕“实践、共创”，项目主要以关键事件的形式开展了九大类活动。

学校品牌提升研究，主要是进行品牌研判，在此过程中，项目做了三方面的工作：（1）广泛调研，用数据说明对品牌的认识、情感，以及它的专业性、待发展点，等等。（2）高端咨询会，强调二年级的伙伴教育隶属史家整体品牌的定位，重在如何分阶段地提升。（3）行动改进，分成七大领域研究，看它运行得怎么样，在实践中发现问题，查找实践与理念的差距。在品牌研判分析后，确定从游戏节“畅想2035”和《伙伴教伙伴》绘本入手开展行动改进，强调通过一个个精准的活动升级伙伴内涵、系统开发伙伴实践体系，使以“伙伴”为着手点的教育实践在时代性、深刻性、关键性上更进一步，凸显伙伴对于个人全面成长以及未来持续发展的重要功能和价值，推动校区教育品牌在专业性、协同性、领先性上有更大突破。

A－S－K 史家课程实验在上一学期开设 Pre 课程的基础上，增开学科攻关课程、融通课程，开齐三类课程。学科攻关课程选的是英语模块，融通课程选的是沟通与合作模块。实验仍旧是在一年级 18 个班全面开展，并在两个班做重点跟踪。

本学期课程实验按照培训、实践、共创的方式推进。培训仍为通识性、针对性、实战性、示范性四轮进行。实践强调积极合作、全面开展、重点跟踪。共创主要体现在课堂教学中的一些环节，以英语模块为例，增设课前准备、采用 TPR 教学法、环节细化，等等。

经过一个学期的实践与共创，学生注意力测试的中位数和高分段比例都有提升。此外，在课程评估的调查中，除了四份无效问卷外，其他问卷显示，学生都喜欢或特别喜欢 A－S－K 课程，80% 以上的教师认为此项课程的开展改善了自己的学科教学方式，绝大多数家长反馈孩子对课程的评价很高。

拓展期：升级、攻关

探索期的经验与成绩为项目的拓展奠定了坚实的基础，而标志拓展期进步的两个词是升级、攻关，具体表现有三点：一是年级的拓展，二是教师的进步，三是专题的突破。

学校品牌提升研究，在对前期的伙伴教育进行研判和改进的基础上启动“伙伴成长计划”。“伙伴成长计划”从理念与定位、目的与结构、实施与要求、管理与评估等方面进行了系统规划，从基础、拓展、创造、支持四大领域分别提供了典型教育活动的设计范例，是在北京教科院学校发展研究成果基础上专门为史家小学二年级设计开发的一套教育活动指导体系，是校区依据学生发展特点和学校发展需要实施精准特色育人的解决方案，是教师设计、开发、实施伙伴特色教育活动的依据和指南。在计划指导下，二年级校区教师分组开展实践探索，力求体现伙伴活动“高阶思维”“具身认知”“动态建构”的学习特征，在具体任务情境中不断进行交流、协作与分享，从而更新认知、提升能力，逐步学会自主地、创造性地学习。在“伙伴成长计划”实施过程中，学校干部教师在思想认识和教育教学方式上也经历了艰难的变革。之所以说艰难，一是因为对低年级学生“放手”，从“跟老师学”到“同学之间学”挑战了原有的秩序观和绩效观；二是灵活运用教育资源，在课程中发掘每一项教育教学乃至管理活动的伙伴学习意义方面缺乏经验、先例，每个教师都不得不成为眼光敏锐的发现者；三是如何让学生在校园生活的真实情境中思考、交流，并且即时体验到学习成果的实践价值，对教师教育教学组织流程和方式提出了新的要求。

A-S-K史家课程实验之前，一直只在一年级开展。现阶段是一、二年级全部进入，融通课程增开儿童哲学模块，学科攻关课程增开数学与思维模块，在36个班同期推进三类六个模块的课程实验。其中，一年级开设Pre课程的注意力模块、适应与自信模块，学科攻关课程的数学与思维模块，融通课程的儿童哲学模块；二年级开设学科攻关课程的数学与思维模块、融通课程的儿童哲学模块。

为了更好、更快地促进教师成长，培训方式也进行了升级，即在前期四类培训的基础上，加强了个性化培训。项目提供的个性化培训主要针对三个方面：一是怎么上这节课，课程该如何拆分；二是怎么上好一节课，重在研磨教材；三是怎么改进课堂，细节如何调整和完善。

专题的突破则体现在两方面：一是原有模块的升级，以注意力模块为例，之前的设计是四节课，升级版是五节课，增加了注意力与学科融合的内容。二是模块的新增，即儿童哲学、数学与思维。

儿童哲学源于美国，目前本土化的实践主要采用“学科+”的路径，即在语文或其他学科加入哲学讨论，弊端是不仅无法保证探讨的是真正的儿童哲学问题，可能还会损害学科教学的完整性。因此项目组将儿童哲学设计成独立的课程模块，以特定的主题、不断追问的方式，顺着儿童的逻辑，教会儿童思考。

关于数学与思维，思维的顺序是从认知到评价，是由低到高；那么，教学是这样的顺序吗？在现实中，思维的顺序与教学的顺序并不是统一的，而项目的主张要用高阶思维来统领低阶思维。教师对课标最熟悉的是知识点，其次是情感价值观，但与思维相关的点却很难拿捏，如培养学生的抽象思维和推理能力，培养得怎么样，是说不清的。以“数的抽象”为例，有苏教版、北师大版，不同版本的教材设计的活动不尽相同，但从数的抽象的角度来考虑，教师怎么教，能让学生更容易认识这个数，或者说从实物到数的中间有步骤吗？还是说学生可以一步到位？如果假设有中间步骤，就需要给学生提供一个合适的思维支架。思维支架可分为三个层次：一是找一般规律，二是划分步骤，三是驱动一个完整的过程。因此，项目组将“数的抽象”设计成几个小环节：从实物到形象—从形象到数—从实物到数，让学生一步步经历一个完整的思维过程。

在拓展期，最大的进展是对学生的整个学习产生一些积极的影响，让他们学会思考，并能自由地、独立地去学习。

成型期：全覆盖、新突破

历经两年四个学期，史家小学品牌项目呈现出以下发展阶段：从启动期到尝试期，再到探索期，然后到拓展期，最后到基本成型期。在这五个发展阶段里，每个阶段都用关键词来引领这个学期的重点或者凸显这个时期的特点。

成型期的关键词是全覆盖、新突破，主要特点是：（1）低段两“全”，第一个“全”指的是“伙伴计划”的典型活动覆盖全部领域，A－S－K 课程覆盖全部学科，包含 7 个学科、22 节示范课、7 次交流展示，且 A－S－K1.0 和 A－S－K2.0 同时存在。第二个“全”是指全体师生，这一阶段的实验覆盖了一、二年级所有的教师和学生，人员是 1600 名学生、100 名老师。（2）合作共创，通过基础培训、找准问题、优化设计、多次实践四步来实现课程共创。在共创过程中，北京教科院为教师提供的支持主要为五个方面：一是找准问题，明确究竟是什么问题；二是清晰领域，即在课标的哪个领域讨论这些问题；三是情境设置，有了问题和想法后，用什么情境最有利于学生达成；四是提供思维支架，让学生一步一步地递进发展；五是设计什么样的任务来进行驱动。（3）研究常态，即研究一个教育现象、一个现实、一个事实经过，认真地分析并把它逻辑化即可称为研究。对于一线教师而言，从寻常之处提问题，从寻常之处做反思，就是从研究开始。在实验过程中，教师不再仅仅依赖于教材，而是开始追问学科的本质、不断尝试新的突破，让研究成为日常的自觉行为。

在北京教科院和史家小学的协同努力下，实现的重大突破有以下几项：（1）将理想的课程变成现实的课程，或者说从一个静态的课程向一个动态的体系发展。对史家小学而言，A－S－K课程不再是一个静态的、理想的课程，而是实践过的、不断拓展升级的动态课程体系。（2）将理想的学习变成现实的学习，或者说是由多样化的学习逐渐变成优化的学习。为了实现学习方式的转变，项目组研发了若干教学资源与学具，强调游戏学习和自身学习的运用，注重提供思维支架，真正促进学生的发展。（3）构建专业共同体，促进“四有教师”的成长。在组建专业共同体时，把有扎实学识的教师的发展分成技术型、实践型、解放型三种类型，再依据不同类型来提供最合适的知识支持、技术支持和课程支持。

在这两年里，项目在史家A－S－K课程体系的构建、教学资源的丰富、课堂教学的研磨、学习方式的变革、专业共同体的建设、伙伴文化的深化、学校品牌的提升等方面开展了大量的研究与实践，不断探索创新、优化升级，以追求教育理想的精神，真正为党育人、为国育才。

（根据张熙所长在“史家小学学校品牌提升”项目活动中的主旨报告整理）

参考文献

[1] 王称丽．中小学生注意力培养及发展研究［D］．上海：上海师范大学，2011.

[2] 任春．小学生注意力训练课程的初步研发与实践［D］．温州：温州大学，2017.

[3] 徐丽丽．幼小衔接视角下小学新生学习适应性调查研究［D］．上海：上海师范大学，2016.

[4] 王燕．幼小衔接教育实践研究［D］．大连：辽宁师范大学，2015.

[5] 王声平、杨晓萍．近二十年我国幼小衔接研究述评［D］．重庆：西南大学，2011.

[6] 张文新．儿童社会性发展［M］．北京：北京师范大学出版社，1999.

[7] 邓祎．幼小衔接视角下小学一年级新生入学初期适应现状研究［D］．上海：华东师范大学，2010.

[8] 邬春芹．西方发达国家促进幼小衔接的国际经验［D］．南京：南京师范大学，2013.

[9] 司琪．小学生注意力品质现状调查与提升训练［D］．重庆：重庆师范大学，2016.

[10] 徐大敏．小学生注意力现状分析及对策［J］．新课程教学研究，2014（10）．

[11] 刘海红，王宇，王瑾．基于不同理论视角下的幼小衔接研究探析［J］．新课程研究（下旬刊），2015（3）：43－44.

[12] 刘红颖．学前教育应为小学教育做好准备［J］．人民教育，

1994（4）：46.

［13］焦莹．小学新生学校适应问题及对策研究［D］．大连：辽宁师范大学，2005.

［14］佟涂芳．小学低年级学生学习适应性调查研究［D］．武汉：华中师范大学，2007.

［15］田澜．小学生学习适应问题及其教育干预研究［D］．重庆：西南师范大学，2002.

［16］蔡迎旗．学前教育概论［M］．武汉：华中师范大学出版社，2006.

［17］芦苇．学前教育学［M］．北京：中国人民大学出版社，2015.

［18］朱晓蔓．中国教师新百科（小学教育卷）［M］．北京：中国大百科全书出版社，2002.

［19］韩宝成．外语教学科研中的统计方法［M］．北京：外语教学与研究出版社，2005.

［20］邓赐平，桑标，缪小春．儿童认知发展研究的前沿与动向［J］．心理科学，2001（5）．

［21］佟秀丽，莫雷．国外儿童认知发展与学习的最新研究述评［J］．心理科学，2006（3）．

［22］刘海燕．浅谈低年级学生注意力的培养［A］．新世界中国教育发展论坛 第二卷［C］．2007.

［23］雒海燕．浅谈在语文教学过程中培养学生的专注力［J］．新课程学习（基础教育），2010（8）．

［24］王洁琴．小学语文游戏化教学的设计研究［D］．上海：上海师范大学，2014.

［25］关星．小学低年级语文游戏教学设计与实施研究［D］．长春：东北师范大学，2013.

［26］姜丽华．论学生创新能力的培养［D］．上海：华东师范大学，2007.

［27］陶文中．“小学生创造能力培养的研究与实验”研究报告［J］．

教育研究，2003（5）.

［28］卓小双．小学生知识建构中创新能力的发展研究［D］．南京：南京师范大学．2003.

［29］朱智贤．儿童心理学［M］．北京：人民教育出版社，1993.

［30］孙明珠．当前幼小衔接存在的问题及其解决对策［J］．课程教育研究，2019（11）.

［31］郑华．幼小衔接视角下学生学习适应能力的培养分析［J］．课程教育研究，2019（9）.

［32］王余幸．小学新生适应不良成因探析［J］．现代中小学教育，2007（8）.

［33］刘茂根．浅谈一年级入学教育［J］．学前教育研究，1994（3）.

［34］秦方．论课堂教学中对小学一年级新生非智力心理素质的培养［J］．小学时代，2002（5）.

［35］吴剀．一年级小学生的入学适应［J］．少年儿童研究，2001（9）.

［36］桂烨．小学一年级新生学校生活适应现状的研究［D］．南京：南京师范大学，2016.

［37］邓祎．幼小衔接视角下小学一年级新生入学初期适应现状研究［D］．上海：华东师范大学，2010.

［38］左映群．小学中高年级学生英语阅读能力培养研究：以湖南一师一附小为例［D］．长沙：湖南师范大学，2013.

［39］吴春丽．小学英语阅读环境对小学生英语阅读能力的影响［D］．上海：复旦大学，2011.

［40］陈朝君．小学高段提高学生英语文本阅读能力的实践研究［D］．长春：东北师范大学，2010.

［41］张冠群．小学高年级英语阅读教学策略研究：以X小学为个案［D］．长春：东北师范大学，2009.

［42］张彦．在小学英语阅读教学中实施自主互助合作学习的行动研究［D］．南京：南京师范大学，2011.

［43］林礼江．运用学案导学培养高中生英语自主阅读能力的行动研究［D］．长春：东北师范大学，2007.

[44] 王雨青. 小学高段英语阅读教学现状及对策研究 [D]. 杭州: 杭州师范大学, 2016.

[45] 陈倩倩. 小学英语阅读教学模式的研究 [D]. 武汉: 华中师范大学, 2015.